Joan se mueve en lo milagroso y desea ver a otros cambiados con el poder de Jesucristo y del Espíritu Santo. Ella ejemplifica la integridad en su mayor grado y tiene la habilidad de sacar de otros esa cualidad. Su corazón compasivo es evidente cuando ministra a los necesitados.

—Marilyn Hickey
Fundadora y Presidenta de Marilyn Hickey Ministries

Provisión Sobrenatural es un manual de aprendizaje para toda la vida sobre la libertad financiera. Cuando actuamos con realidades económicas desde un punto de vista bíblico, experimentamos la fidelidad de Dios para abrirnos continuamente las ventanas de los cielos, derramar una bendición que no tenemos forma de contener, y sorprendernos una y otra vez con su gracia.

—Dr. Mark J. Chironna
Mark Chironna Ministries
Orlando, Florida

Los cristianos tienen que leer este libro una y otra vez y compartir sus valiosas ideas con sus familiares y amigos.

—Dr. Tom Leding
Autor de éxitos de ventas
Fundador de Tom Leding Ministries
Director internacional de Full Gospel Businessmen's
Fellowship International (FGBMFI)

Todos los creyentes que apliquen estos sencillos pero a la vez poderosos pasos dirigidos por el Espíritu darán una cosecha abundante de las bendiciones que Dios ha prometido y recibirán la abundancia que Dios anhela derramar sobre todos nosotros en estos últimos tiempos.

—Jeff Mendenhall
Presidente y Director General de Economic Destiny Institute

Después de un fin de semana con Joan y varios miembros de su equipo, mi esposa fue liberada del temor y comenzó a dirigir la alabanza en nuestra iglesia. Ahora nuestra alabanza ha ascendido a otro nivel.

—Reverendo Ryan M. Miller
Pastor principal de Greenwood Assembly of God
Fayetteville, Pennsylvania

La visión espiritual de Joan Hunter aporta un fresco entendimiento que quitará obstáculos y le catapultará a una esfera en la que podrá recibir la herencia que Dios ha prometido. Ella le guiará para que pueda experimentar unos cambios personales sin precedentes que le permitirán recibir lo mejor que Dios tiene para su vida.

—Roberts Liardon
Autor de éxitos de ventas y orador

Recomiendo mucho su libro para todos aquellos que quieran dejar una vida ordinaria para vivir esa vida extraordinaria que Jesús ha puesto a nuestro alcance.

—Barbara Wentroble
Fundadora de International Breakthrough Ministries
Coppell, Texas

Joan Hunter es una explosión dinámica de poder del Espíritu Santo, llena de compasión por otros a través del amor de Jesucristo.

—Joshua y Janet Angela Mills
Evangelistas de New Wine International
Palm Springs, California

Me encanta la humildad, simplicidad y amor que veo y siento en Joan. Hoy día necesitamos más ministros genuinos como ella en América.

—Paulette Blaylock
Pastor principal de Landmark Christian Center
Porterville, California

Provisión
SOBRENATURAL

Cómo vivir en libertad financiera

Joan HUNTER

WHITAKER
HOUSE

Traducción al español realizada por:
Belmonte Traductores
Manuel de Falla, 2
28300 Aranjuez
Madrid, ESPAÑA
www.belmontetraductores.com

Provisión Sobrenatural:
Cómo vivir en libertad financiera
Publicado originalmente en inglés bajo el título:
Supernatural Provision: Living in Financial Freedom

Joan Hunter Ministries
P.O. Box 777
Pinehurst, TX 77362-0777
www.joanhunter.org

ISBN: 978-1-60374-499-7
Impreso en los Estados Unidos de América
© 2012 por Joan Hunter

Whitaker House
1030 Hunt Valley Circle
New Kensington, PA 15068
www.whitakerhouse.com

Por favor, envíe sugerencias sobre este libro a: comentarios@whitakerhouse.com.

1 2 3 4 5 6 7 8 9 10 11   WH   19 18 17 16 15 14 13 12

Dedicatoria

A los fieles que reciben la visión de ser parte de la cosecha de los últimos tiempos.

A aquellos individuos que Dios está levantando para fundar las iglesias y ministerios que están realizando la obra de Dios.

A todos aquellos que nunca pensaron que algún día podrían salir de la deuda o pagar sus automóviles o sus casas, y sin embargo lo hicieron.

A todos mis hijos, con los que Dios me ha bendecido. Ellos estuvieron ahí cuando no quedó nada tras la devastación en el año 2000, y se regocijaron conmigo en todo lo que Dios me bendijo durante mi restauración.

Y especialmente a mi hija Charity. Nunca pensé que pudiera pagar mi auto hasta que ella me animó a hacerlo. ¡Lo pagué del todo en tres meses! Ella me lanzó en el camino hacia esta revelación sobre la provisión milagrosa de Dios.

Reconocimientos

Quisiera reconocer a Naida Johnson Trott, RN, CWS, FCCWS, y ministra ordenada, amiga y editora consagrada. Conozco a Naida desde hace casi tres décadas, y ella ha puesto su vida al servicio de Jesús. Es una de las personas más desinteresadas que jamás he conocido. Hizo un gran trabajo compilando y editando este libro. Mientras trabajaba en ello, aplicó la revelación sobre la oración y oró por el que fuera a ser su compañero. Después de haber estado orando, plantando semillas, proclamando y creyendo, Dios le envió una tremenda bendición: ¡su esposo Edward Trott!

La información contenida en este libro se puede aplicar a cada esfera de su vida, incluyendo sus relaciones.

También me gustaría darle las gracias a mi esposo, Kelley Murrell, por sus interminables horas de revisión y su ayuda para decidir qué historias y testimonios incluir.

Quisiera hacer extensivas las gracias a toda la familia Whitaker y el equipo de Whitaker House por hacer que este libro sea una realidad.

Contenido

Prólogo por Sid Roth

Al poco tiempo de convertirme, asistí a un seminario de sanidad que organizaba Kenneth Hagin Sr. Yo sabía que lo que él compartía era verdad, y salí con muchas ganas de empezar a orar en fe para que la gente fuese sanada. Al llegar a casa, me enteré de que un familiar cercano tenía cáncer. Oré por su sanidad, pero ella no se sanó. Inmediatamente, el diablo me probó en cuanto a la Palabra, y ganó. Muchos años después se cayeron las escamas espirituales de mis ojos, y de nuevo pude ver claramente la verdad de la enseñanza de Kenneth Hagin.

Entonces, el diablo intentó esa misma estrategia en mi vida en cuanto a la prosperidad. Vi la manipulación de los maestros de la prosperidad en la televisión, y francamente, me desanimé. El mensajero me hizo desconectar del mensaje. Cuando los maestros de la prosperidad quisieron ser invitados en mi programa de televisión *¡It's Supernatural!*, no tuve el menor interés.

Nuestro ministerio estaba prosperando, y personalmente nunca había tenido problemas económicos. Solía decir que mi madre judía se ocupó de todas mis necesidades, incluso de adulto, y cuando ella se fue a su morada celestial, mi

Mesías judío se hizo cargo. La razón por la que prosperaba era porque desde el momento de mi conversión aprendí a diezmar. Después de eso, nunca pensé en *no* diezmar.

El ministerio ha prosperado porque siempre he buscado otros ministerios a los que poder apoyar. Puedo decir honestamente que Dios se ha ocupado de todas mis necesidades económicas y me ha bendecido abundantemente durante los más de cuarenta años que hace que le conozco. A pesar del deterioro de la economía, Dios siguió bendiciéndonos económicamente. Sin embargo, he visto a muchos creyentes sufrir en el área de las finanzas.

Joan Hunter ha sido invitada muchas veces en *¡It's Supernatural!* También ha apoyado nuestro ministerio económicamente de forma mensual, lo cual acabo de saber recientemente. Cuando mi productora me dio el último libro de Joan sobre sanidad, me emocionó la idea de volver a entrevistarla, pues ha tenido más testimonios de sanidad que cualquier otro invitado al que yo haya entrevistado.

Después, cuando mi productora me dijo que Joan tenía un libro sobre prosperidad económica, en un principio no me interesó, pero el Espíritu de Dios me dijo que le echara un vistazo. Me sorprendió descubrir que ella provenía de un trasfondo de pobreza. Yo conocía a sus padres, Charles y Frances Hunter. Frances era una exitosa autora y oradora. No me hubiera podido imaginar que Frances hubiera permitido que su hijo fuera de noche a los supermercados para buscar fruta podrida entre los contenedores de basura.

Después, escuché una enseñanza de Joan en CD del material que había desarrollado en este libro. Me enteré de los problemas económicos tan difíciles a los que había tenido que hacer frente como madre soltera. También supe cómo había creído y actuado en base a las promesas económicas que hay en la Biblia con esa fe que tienen los niños y los increíbles resultados que había obtenido. Sentí que si ella pudo obtener esos resultados, cualquier persona podría obtener los mismos resultados. Joan cuenta muchos ejemplos de personas que han cambiado su situación económica al aplicar su enseñanza. Sus principios han funcionado incluso en personas de países del Tercer Mundo. Escuchar las experiencias de Joan ha hecho que mi fe aumente. ¡Lo que ella comparte es muy contagioso!

Por tanto, después de escuchar el CD de Joan llamé a mi productora y le dije, para sorpresa suya: "Hagamos el programa con Joan sobre las finanzas". Sé que estamos entrando en los peores tiempos económicos en la historia de los Estados Unidos, pero serán los mejores momentos en cuanto a la economía para los creyentes en Jesús. Veamos la transferencia de riquezas de los impíos a los justos (véase Proverbios 13:22). Dios quiere que usted sea parte de este gran intercambio. Creo que el libro de Joan le ayudará a marcar la diferencia.

—Sid Roth
Presentador del programa de televisión *¡It's Supernatural!*

Introducción

Sé lo que es tener necesidades económicas. Mientras me criaba en el sur de Florida, mi madre, mi hermano y yo atravesamos momentos muy difíciles. Mamá, como madre soltera, comenzó una empresa de secretariado para sostenernos. La recompensa que teníamos una vez a la semana era una salchicha ahumada, la única carne que mi hermano y yo comíamos, aparte de la que nos daban en el comedor de la escuela.

Me acuerdo de ver a mamá alzando a mi hermano en un contenedor de basura que había detrás de un supermercado para agarrar una bolsita de melocotones estropeados. Lo llevábamos a casa, y mamá les quitaba las partes incomibles para que mi hermano y yo pudiéramos comer algo de fruta.

En aquel entonces no conocíamos al Señor. Hoy, le doy gracias por esos años de dificultades económicas. En mi juventud, Dios convirtió una pobreza y total devastación en bendiciones increíbles, y lo volvió hacer en mis años adultos.

Si lo hizo por mí, también lo hará por usted, porque Él no hace acepción de personas, no es un Dios parcial (véase Hechos 10:34). Dios no miente; su Palabra es siempre verdad, su amor nunca se acaba y sus planes para nosotros son los

Dios tiene una fuente inagotable de recursos para suplir todas nuestras necesidades.

mejores. Dios promete proveer para todas nuestras necesidades y bendecirnos más allá de lo que podamos imaginar (véase Efesios 3:20).

Quizá le resulte difícil creer estas verdades estando en un mundo en el que la economía frecuentemente parece tambalearse al borde del desmoronamiento. Los pronósticos económicos raras veces son alentadores, y tienden a incitar al pánico a una gran parte de la población mundial. Incluso entonces, Dios tiene una fuente inagotable de recursos para suplir todas nuestras necesidades. Como Pablo les escribió a los Filipenses: *"Mi Dios, pues, suplirá todo lo que os falta conforme a sus riquezas en gloria en Cristo Jesús"* (Filipenses 4:19).

En las páginas de *Provisión Sobrenatural* discutiremos esta verdad (y otras que tienen que ver con el suministro inagotable de Dios) con mayor profundidad. Por ahora, es importante entender que la medida en que usted reciba su herencia de abundantes bendiciones que Él le ha prometido depende de su relación con Él, concretamente del grado en que usted confía y le obedece en el área de sus finanzas. Mientras confíe exclusivamente en sus propios esfuerzos para ganar dinero a fin de pagar las facturas, no disfrutará de la abundancia de los recursos sobrenaturales de Él, pero si le reconoce como su Fuente y Proveedor, Él cuidará de usted supliendo de forma tangible sus necesidades físicas y espirituales por medio de la revelación de su Espíritu Santo.

La clave para recibir revelación es rendirse. Cuando usted cree en Dios y busca conocerle más, cuando rinde su confianza en los caminos de la carne y confía cada vez más en el poder de Dios en lugar de confiar en lo que usted puede ver o controlar, Él abre sus ojos espirituales.

Al leer este libro, pídale a Dios que le dé su guía y sabiduría. Pida y reciba sus bendiciones. Abra su corazón a Dios y a sus revelaciones; entonces serán alumbrados *"los ojos de vuestro entendimiento, para que sepáis cuál es la esperanza a que él os ha llamado, y cuáles las riquezas de la gloria de su herencia en los santos"* (Efesios 1:18). La verdadera libertad llega cuando usted reconoce, sabe y acepta que Él le está guiando y proveyendo para cada una de sus necesidades a lo largo del camino que Él ha planeado para usted.

> **He visto cómo Dios ha hecho que mi provisión pase de ser insignificante a ser abundante; Él siempre ha estado a mi lado.**

Yo he experimentado la pérdida del salario, el matrimonio y el hogar, y sin embargo Dios ha sido fiel siempre. He visto cómo Dios ha hecho que mi provisión pase de ser insignificante a ser abundante; Él siempre ha estado a mi lado. Me siento obligada a compartir lo que he aprendido con ustedes, hermanos y hermanas en Cristo, para que ustedes también puedan vivir en la abundancia de la provisión de Dios, y no en los altibajos de la economía del mundo.

Capítulo 1

La economía de la "Palabra"

*Bendito el varón que confía en Jehová, y cuya
confianza es Jehová. Porque será como el árbol
plantado junto a las aguas, que junto a la corriente
echará sus raíces, y no verá cuando viene el calor,
sino que su hoja estará verde; y en el año de
sequía no se fatigará, ni dejará de dar fruto.*
—Jeremías 17:7–8

Cuando usted escucha la palabra *economía*, probablemente piense en una disciplina principalmente secular que trata con la producción, distribución y consumo de bienes y servicios. Quizá piense en el mercado de valores, que sube y se desploma con un alarmante patrón, o puede que piense en impuestos, tarifas y cambios monetarios. El ámbito del dinero puede parecer incompatible con la fe, algo que tiene poco o nada que ver con lo sobrenatural.

Sin embargo, la vida cristiana no es una dicotomía entre lo material y lo espiritual, lo natural y lo sobrenatural. Todos los que proclamamos que Dios es nuestro Salvador y Señor sabemos que todos los aspectos de la vida tienen un componente natural y otro espiritual, incluyendo la economía. Nuestro bienestar económico es tan importante para Dios como nuestra salud física, y no deberíamos ver nuestras finanzas desde una perspectiva informada únicamente por lo que dicen los analistas de inversión seculares y los corredores de bolsa. No puede usted entender ninguna parte de su vida sin la revelación del Espíritu Santo.

Para poder entender la provisión económica divina y el fluir sobrenatural de dinero se requiere una revelación personal de Dios, al igual que para cualquier otra área de la experiencia cristiana. Los hombres no pueden entender los métodos de Dios usando la lógica del mundo, la cual nos dice que ahorremos *x* dinero cada año, que invirtamos en ciertos fondos, y por lo demás nos labremos nuestro propio camino. La mayoría de cristianos se han suscrito al pensamiento económico del mundo: sólo entre el 10 y el 20 por ciento de las personas que asisten a la iglesia diezman fielmente, lo cual indica que muchos no creen que Dios les permitirá hacer más con el noventa por ciento que guardan después de diezmar que con el dinero que ahorran al negarse a diezmar.

La economía de Dios está prosperando, con provisión suficiente para que usted haga todo lo que Él ha planeado para usted.

Otros desconocen las enseñanzas de la Biblia sobre el diezmo. No han descubierto que Dios cumple el pacto con sus hijos y provee para sus necesidades conforme a sus riquezas inagotables en gloria, y no mediante los limitados sueldos de ellos.

Los cristianos deben conocer la diferencia entre la economía del mundo y la economía de la "Palabra": los caminos divinos en los que Dios provee para sus hijos mientras ellos establecen el reino de Él en la tierra. Su Palabra, la Santa Biblia, es el libro de respuestas para preguntas concernientes al ámbito de las finanzas personales, especialmente cuando se trata del llamado de Dios para su vida. En estos últimos tiempos, la economía de Dios no es el mismo cuadro deprimente que dibuja el mundo, con su rumor sobre la deflación, inflación, recesión, depresión, desempleo, etcétera. La economía de Él está prosperando, con provisión suficiente para que usted haga todo lo que Él ha planeado para usted. Él sabe siempre lo que funciona.

Una constante firme en medio de una economía siempre cambiante

En la economía del mundo, un día es el "mercado del comprador" y al día siguiente el "mercado del vendedor". El mercado de valores es impredecible, con corredores de inversiones que cambian su afinación cada día. La amenaza de la caída del mercado persigue a inversores en todo lugar, con lo cual una atmósfera de pánico y confusión inunda Wall Street y a los analistas financieros.

¿Quién es el autor de la confusión? ¿Quién es el autor de las tácticas de miedo y de mentiras? Todos sabemos que es el oponente de Dios: Satanás. Como es el enemigo de Dios, también es nuestro enemigo, y hará todo lo que pueda para desanimar a los cristianos. Si puede hacer que dudemos de la provisión de Dios y hacernos vivir una paranoia en cuanto al desempleo, la bancarrota y cosas similares, tendrá la sartén por el mango.

Lo bueno sobre la economía de Dios es que nunca cambia. Mientras que la economía del mundo está en un constante cambio, los principios por los que se rige la economía de Dios son eternos; no cambian según las últimas tendencias de Wall Street. Las condiciones económicas actuales no limitan a Dios. Él no tiene más dinero cuando los valores están al alza y menos cuando el mercado se hunde. *"De Jehová es la tierra"* (Éxodo 9:29); es su posesión, todo el tiempo. Él podría convertir las piedras en pan si quisiera (véase Mateo 4:3–4). Él usó a los cuervos para alimentar al profeta Elías (véase 1 Reyes 17:6). Él proveyó el sustento para Noé y los demás habitantes del arca durante el gran diluvio (véase Génesis 6:13–9:1). Él puede proveer para los que confían en Él en cualquier situación.

Cuando el enemigo intente decirle algo negativo, ¡ríase a carcajadas! Si le susurra temor y paranoia a su mente, llámele mentiroso y cítele la Palabra de Dios, como hizo Jesús cuando Satanás le tentó en el desierto (véase Mateo 4:1–11).

Preste atención al Ancla Verdadera, no al ancla de la prensa

La mayoría de los cristianos leen la Biblia y oran cuando están en una encrucijada y necesitan sabiduría para decidir qué hacer. Sin embargo, muchos de ellos cometen el error de buscar la sabiduría de la Biblia para cualquier área de la vida ¡*excepto* sus finanzas! Consultan la Palabra de Dios para obtener respuestas sobre la salud, las emociones, las relaciones y cosas semejantes, pero no indagan en la mejor fuente de sabiduría para encontrar consejo financiero, lo cual produce trágicos resultados.

Conozco a una mujer cuyo marido no podía dejar de consultar la prensa. Escuchaba, veía o leía las noticias día y noche. El pánico invadía su mente todos los días y también afectaba a su matrimonio y a su familia, y su esposa no sabía cómo tratar el espíritu de temor que había entrado en su hogar.

Tristemente, muchas personas dedican gran parte de su atención a las noticias, ya sea viendo la televisión, escuchando la radio, navegando en la Internet o revisando Facebook, Twitter o cualquier otra red social para enterarse de las novedades. Las noticias de estas fuentes casi siempre muestran la perspectiva del hombre, no la de Dios. Está claro que informarse de lo que sucede en el mundo es útil, ¿de qué otra forma podríamos saber cuándo orar por cambio o cuándo gozarnos por el cumplimiento de las promesas de Dios? Pero el hecho en cuestión es que la mayoría de los medios de difusión de noticias enfatizan lo negativo y terminan incitando al pánico y deteriorando nuestra confianza.

Vigile en qué se apoya

¿Cuántas personas conoce que confían ciegamente en lo que dicen las noticias? Están llenos de opiniones de hombres como su fuente definitiva de conocimiento, se "apoyan" en noticias del mundo, ¡y después se preguntan por qué no tienen ni paz ni gozo!

¿Acaso dice la Biblia: "Confía en la noticias con todo tu corazón, y ellas enderezarán tu camino"? ¡No! La Palabra de Dios nos dice: *"Fíate de Jehová de todo tu corazón, y no te apoyes en tu propia prudencia. Reconócelo en todos tus caminos, y él enderezará tus veredas"* (Proverbios 3:5–6). En medio de un mercado de valores que sube y baja y un gran desempleo, confiar en la provisión de Dios puede resultar un reto. La clave es enfocarse en sus promesas, en su economía revelada en su Palabra, más que en la economía mundial.

Proteja sus oídos

Quizá esté familiarizado con Romanos 10:17: *"Así que la fe es por el oír, y el oír, por la palabra de Dios"*. De lo que quizá no se dé cuenta es que, al igual que la fe, el temor también es por el oír, oír las noticias y al mundo que le rodea.

Si intentamos estar al día de los informes financieros del mundo y prestar atención a los mensajes del destino funesto de la economía, estaremos predispuestos a afanarnos y seremos presa del temor. El temor, como usted sabe, es lo opuesto a la fe, y no proviene de Dios. *"Porque no nos ha dado Dios espíritu de cobardía, sino de poder, de amor y de dominio propio"* (2 Timoteo 1:7). Repito: si se enfoca en las noticias, el espíritu de temor invadirá sus pensamientos. Su espíritu quedará dominado por aquello con lo que alimente su mente.

Como escribí anteriormente, las "noticias" que nos bombardean veinticuatro horas al día los siete días de la semana no deberían ser nuestra principal fuente de información, especialmente cuando se trata de nuestra economía. En vez de depender de los presentadores de los informativos, deberíamos acudir a la Palabra de Dios. Cuanto más dependamos de la Palabra, más contentos y confiados estaremos. ¿Dónde busca usted las respuestas? ¿En la Palabra de Dios o en los noticieros?

Proteja su mente

Cuando usted pasa horas navegando en la Internet, leyendo los periódicos y viendo la televisión mientras retransmiten sus mensajes negativos, ¿qué entra en su mente? Negatividad. Basura. Temor. Pobreza.

Tenga cuidado con los pensamientos que alberga. En lugar de morar en la negatividad, use el discernimiento que Dios le ha dado. Cuando el pronóstico financiero sea nefasto, usted estará libre de la ansiedad y el temor, porque las verdades sobre la economía de Dios, la promesa de su provisión sobrenatural y sus inagotables recursos, guardarán su alma en paz.

Además, cuando renueve su mente (véase Romanos 12:2), tendrá la *"mente de Cristo"* (1 Corintios 2:16); y cuando piense con la mente de Cristo, terminará tomando buenas decisiones basadas en su fe en Dios y en su obediencia a su Palabra.

Proteja su lengua

La muerte y la vida están en el poder de la lengua,
y el que la ama comerá de sus frutos.

(Proverbios 18:21)

Quizá sea una revelación para usted, pero sus palabras pueden afectar el nivel de sus riquezas materiales. Usted puede generar dinero con las palabras que use. Debe hablar en fe y actuar en obediencia a la Palabra de Dios. No importa cómo se sienta o cuánto dinero tenga, cuando usted habla en fe y obedece la Palabra de Dios, Él le bendice a usted y a toda su descendencia.

Piense antes de hablar. ¿Son palabras de paz y fe, o son expresiones de temor y pánico? Cuando decide llenar su mente de la verdad de Dios y declarar sólo palabras de fe, usted expulsa al espíritu de temor y mora en la prosperidad de Dios. Si algo está bloqueando sus ingresos, debe orar palabras positivas sobre sus finanzas. Declare cosas buenas; hable de aumento y prosperidad, porque las palabras de su boca determinarán su éxito, y no la negatividad de los presentadores de los informativos.

Encontramos esta seguridad en los Salmos:

Bienaventurado el varón que no anduvo en consejo
de malos, ni estuvo en camino de pecadores, ni en
silla de escarnecedores se ha sentado; sino que en
la ley de Jehová está su delicia, y en su ley medita
de día y de noche. Será como árbol plantado junto a
corrientes de aguas, que da su fruto en su tiempo, y

su hoja no cae; y todo lo que hace, prosperará.
(Salmos 1:1–3)

Cuando fijamos nuestra mente en ponernos de acuerdo con las promesas de la Palabra de Dios, podemos esperar bendiciones increíbles de parte de nuestro Padre, ¡porque Él bendice a su pueblo de forma sobrenatural!

Fe para las finanzas en tiempos tumultuosos

En medio del descalabro de la vivienda y el descenso de la economía de 2008–2009, nuestro ministerio sufrió una reubicación. Además de todo eso, mi marido Kelley y yo nos mudamos. La logística de un proceso así normalmente es algo abrumador, por no mencionar la dificultad añadida de que yo tuviera que ayudar a dirigir el proceso desde la distancia debido a mi agitada agenda de viajes. Sí, seguí viajando a cualquier lugar donde Dios me envió durante ese período, y normalmente estaba fuera de la ciudad.

Independientemente de las circunstancias que nos rodeaban, nuestras necesidades fueron cubiertas de forma sobrenatural. Nuestro ministerio tiene más espacio de trabajo que antes, y nuestra nueva casa es bonita. Estamos agradecidos por las bendiciones de Dios, y anticipamos con entusiasmo las bendiciones que vendrán si seguimos fielmente su guía.

La verdadera prosperidad se encuentra en la Palabra de Dios. Si nos alimentamos continuamente de las cosas de Dios, nuestra alma prospera. Según prospera nuestra alma, nuestro cuerpo y nuestra mente también prosperan. Los efectos de estas bendiciones rebosan y se extienden a cada aspecto de nuestra vida.

¿Es todo perfecto en nuestra vida las veinticuatro horas del día los siete días de la semana? ¡No! Seguimos viviendo en la tierra y diariamente tenemos que afrontar desafíos que vencer. Sin embargo, tenemos tanta bendición que podemos saltar por encima de cada desafío que encontramos para recoger la siguiente bendición. El proceso es escuchar la Palabra de Dios, declarar su Palabra y creer su Palabra.

Cuando usted acude a la Palabra de Dios, recibe sólo buenas noticias: las promesas que Él tiene preparadas para usted. Como ya hemos discutido antes, una dieta continua de noticias del mundo sólo produce temor, afán y ansiedad. ¿Qué está escuchando? ¿Qué informes creerá? (véase Romanos 10:16–17). ¿Seguirá confiando en la economía del mundo, o caminará y permanecerá en los principios de la economía diseñados por nuestro Creador? Cada día tendrá que tomar esta decisión. Medite bien cuál será su decisión.

> **Cuando usted acude a la Palabra de Dios, recibe sólo buenas noticias: las promesas que Él tiene preparadas para usted.**

Los hombres le pueden fallar, pero Dios nunca falla, y Él es el mejor "consejero financiero personal" que podría usted tener, porque Él siempre tiene en mente lo que es mejor para usted.

> *"Porque yo sé muy bien los planes que tengo para ustedes", afirma el Señor, "planes de bienestar y no de calamidad, a fin de darles un futuro y una esperanza".* (Jeremías 29:11, nvi)

¿En qué confiará? ¿En las palabras pesimistas de los hombres, que plantan semillas de duda e incredulidad, o en la maravillosa Palabra de Dios con sus promesas de vida abundante? Si su respuesta es "las noticias de Dios", siga leyendo. En este libro revelaré principios de finanzas de la Palabra de Dios y le mostraré el gozo que recibirá cuando ponga su fe en su máximo Proveedor, el Señor Dios Todopoderoso, y no en el sueldo mensual o en cualquier otra fuente de ingresos.

Dios sólo tiene cosas buenas para usted, pero tiene que acudir a Él y abrir su mente y su corazón para oír, discernir, entender y seguir sus planes para usted. Cuando deposita fe para sus finanzas en el banco del cielo, recibe el mayor beneficio posible, y la paz y prosperidad de Él inundarán su vida. ¡Qué así le suceda en este día!

Capítulo 2

Creados para la abundancia

*Pues si vosotros, siendo malos, sabéis dar
buenas dádivas a vuestros hijos, ¿cuánto más
vuestro Padre celestial dará el Espíritu Santo
a los que se lo pidan?*
—Lucas 11:13

Cuando uno de mis hijos consigue un aumento de sueldo, ¿digo algo como: "¡Oh no! Es algo terrible que te hayan subido el sueldo"? ¡Claro que no! ¡Me alegro y grito! Dios hace lo mismo con nosotros.

Dios se deleita en la prosperidad de sus hijos

*Canten y alégrense los que están a favor de mi justa
causa, y digan siempre: Sea exaltado Jehová, que
ama la paz de su siervo.* (Salmos 35:27)

Dios no se alegra de nuestra pobreza o nuestro hambre, ¡sino que se alegra de nuestra prosperidad! Personalmente, quiero que Él tenga un gran gozo con mi prosperidad y la de usted.

¿Ha oído alguna vez a alguien decir: "Dios me va a humillar haciéndome pobre"? Yo sí. ¿Está ese pensamiento en armonía con su Palabra? No. Usted no debería perderlo todo y vivir en pobreza para desarrollar humildad.

De hecho, la Escritura declara que el *"**amor** al dinero* [y no el dinero en sí] *es la raíz de todos los males"* (1 Timoteo 6:10). Tener dinero o posesiones no es malo, mientras ellas no le "tengan" a usted.

Es algo natural desear buenas cosas para su vida. Usted no se despierta una mañana diciendo: "Espero haberme dormido, que se pinche un neumático del automóvil de camino al trabajo y que se me vierta el café sobre mi camisa nueva". En cambio, espera que todos los semáforos estén verdes de camino a su trabajo y que no haya tráfico en la autopista. Como quiera que estén los semáforos o la cantidad de tráfico que haya en la autopista, usted puede aceptar tales cosas como parte de la vida y dar gracias a Dios por el tiempo y la protección.

Nunca piense que no es bíblico tener dinero. ¡Porque sí lo es!

Quiero que usted tenga tanto dinero que no sea capaz de gastárselo todo, aunque quisiera, y que sus hijos y sus nietos no sean capaces de gastárselo todo cuando usted muera. Quiero que pueda darles todo lo que ellos necesiten, incluyendo casas, y seguir teniendo dinero de más después de sembrar millones de dólares en el reino de Dios. Es totalmente bíblico creer que sus herederos recibirán una gran herencia. Nunca piense que no es bíblico tener dinero. ¡Porque sí lo es! Dios quiere que sus hijos prosperen.

No diga: "No lo merezco"

Dios quiere bendecir a sus hijos, y sin embargo muchos de ellos piensan que no lo merecen. Por alguna razón, creen que pobreza equivale a piedad. Ningún versículo de la Biblia dice que Dios quiere que seamos pobres. Él quiere bendecirnos abundantemente. Juan 10:10 dice que Él quiere bendecirnos abundantemente: no tan sólo bendecirnos, ¡sino hacerlo de forma abundante!

Muchas veces Dios quiere bendecirnos, pero a la vez nosotros decimos que no lo necesitamos, o decimos no a alguien que intenta bendecirnos, sin darnos cuenta de que él o ella está siendo un canal de la bondad de Dios. ¡El Señor frecuentemente usa a otras personas para enviarnos sus bendiciones!

Usted tiene que aprender a recibir, y el primer paso es reconocer que lo merece. Dios quiere mimarle. Él se deleita bendiciéndole con algo más que alimento para comer y un techo sobre su cabeza.

Jesús proveyó de forma sobrenatural para sus discípulos, y también puede proveer un milagro para usted. Una vez, le dijo a Pedro proféticamente que encontraría una moneda en la boca de un pez (véase Mateo 17:24–27). Quizá Jesús no le suplirá a través de una moneda de oro en la boca de un pez, pero puede usar lo que Él quiera para suplir sus necesidades. Él quiere darle más de lo que usted necesita; desea suplir también sus "deseos". Dios es un Dios increíble, un Padre increíblemente generoso, que quiere que usted viva en abundancia y no que meramente sobreviva. Él quiere ser quien supla personalmente sus necesidades.

Despójese de una mentalidad de pobreza

Muchas personas con una mentalidad embutida en la pobreza o la recesión esperan experimentar pérdida, depresión y derrota. Están ciegos y sordos a cualquier otra información, sin importar lo convincente que pudiera ser el argumento. Viven con la mentalidad de pobreza. Muchos están atrapados por este espíritu de pobreza y parecen estar satisfechos viviendo por debajo de lo mejor de Dios.

Resulta posible salir de la pobreza y seguir atrapado en una *mentalidad* de pobreza. La gente puede nacer de nuevo pero seguir tomando decisiones desde un punto de vista de pobreza si no entienden cómo piensa Cristo. Algunas personas esperan ser pobres y sufrir pérdida a pesar de las bendiciones diarias que Dios está derramando sobre ellos.

La mente de Cristo no tiene conexión alguna con la mentalidad de pobreza o la mentalidad que le atrapa en un modo de vivir de pobreza. El reino de Dios es un reino siempre en aumento, no un reino en un estado de declive o recesión.

Una mentalidad (espíritu) de pobreza le hará pensar que usted está solo, que no tiene apoyo de ningún tipo cuando tenga una necesidad o se enfrente a un "gigante" en su vida. Sin embargo, nada podría estar más lejos de la realidad. Usted nunca está solo, porque Dios siempre está con usted; Él nunca le dejará ni le desamparará (véase, por ejemplo, Deuteronomio 31:6, 8; Josué 1:5). Jesús siempre está accesible para ayudarle con cada situación. Cuando usted tiene la mente de Cristo, entiende que Dios quiere bendecirle abundantemente en cada área de su vida. Cuando usted pide, Dios le da más de lo que podría esperar o imaginar.

Y a Aquel que es poderoso para hacer todas las cosas mucho más abundantemente de lo que pedimos

*o entendemos, según el poder que actúa en noso-
tros.* (Efesios 3:20)

Cuando usted confíe en la provisión de Dios, dejará de depender de sus habilidades naturales y se dará cuenta de que las noticias de la noche no tienen la última respuesta. Dios hará por usted más de lo que podría lograr nunca por su propio esfuerzo o sabiduría.

> **Dios hará por usted más de lo que podría lograr nunca por su propio esfuerzo o sabiduría.**

Ya que está leyendo este libro, es obvio que no está usted satisfecho con tan sólo sobrevivir sino que quiere ascender por la escalera hacia el éxito. Repita esta simple oración:

Padre, gracias por darme el poder para obtener riquezas. Rompo el espíritu de pobreza sobre mi vida y sobre todo lo que hago. Gracias por darme una mente que puedo usar y los talentos para lograr lo que has planeado para mi vida.

Padre, gracias por el ascenso y el aumento de mi economía. Ordeno a todas las fuerzas que han estado impidiéndome recibir que se vayan. Te pido que bendigas la empresa para la que trabajo. Creo que prosperarán y me bendecirán con un extra. Quiero más para poder dar más para tu obra, Padre. Gracias, Padre, porque tú eres mi única Fuente verdadera. En el nombre de Jesús, amén.

Bendecido para ser bendición

*Y Dios proveerá con generosidad todo lo que necesiten.
Entonces siempre tendrán todo lo necesario y habrá*

bastante de sobra que compartir con otros. Como dicen las Escrituras: «Ellos comparten con libertad y dan generosamente a los pobres. Sus buenas acciones serán recordadas para siempre». Pues es Dios quien provee la semilla al agricultor y luego el pan para comer. De la misma manera, él proveerá y aumentará los recursos de ustedes y luego producirá una gran cosecha de generosidad en ustedes. Efectivamente, serán enriquecidos en todo sentido para que siempre puedan ser generosos; y cuando llevemos sus ofrendas a los que las necesitan, ellos darán gracias a Dios. Entonces dos cosas buenas resultarán del ministerio de dar: se satisfarán las necesidades de los creyentes de Jerusalén y ellos expresarán con alegría su agradecimiento a Dios. Como resultado del ministerio de ustedes, ellos darán la gloria a Dios. Pues la generosidad de ustedes tanto hacia ellos como a todos los creyentes demostrará que son obedientes a la Buena Noticia de Cristo. Y ellos orarán por ustedes con un profundo cariño debido a la desbordante gracia que Dios les ha dado a ustedes. ¡Gracias a Dios por este don que es tan maravilloso que no puede describirse con palabras! (2 Corintios 9:8–15, NTV)

Dios quiere que seamos ríos de prosperidad económica que fluyen a las vidas de otros, no reservas que retienen la riqueza indefinidamente. Sí, cada uno debería mantener una cuenta de ahorros, pero no debemos acaparar nuestras bendiciones. Debemos permitir que las bendiciones de Él fluyan a través de nosotros hacia otros según Él nos dirija.

¡Tengan cuidado! —[Jesús] advirtió a la gente—. Absténganse de toda avaricia; la vida de una persona no depende de la abundancia de sus bienes. Entonces les contó esta parábola: —El terreno de un

hombre rico le produjo una buena cosecha. Así que se puso a pensar: "¿Qué voy a hacer? No tengo dónde almacenar mi cosecha". Por fin dijo: "Ya sé lo que voy a hacer: derribaré mis graneros y construiré otros más grandes, donde pueda almacenar todo mi grano y mis bienes. Y diré: Alma mía, ya tienes bastantes cosas buenas guardadas para muchos años. Descansa, come, bebe y goza de la vida". Pero Dios le dijo: "¡Necio! Esta misma noche te van a reclamar la vida. ¿Y quién se quedará con lo que has acumulado?". Así le sucede al que acumula riquezas para sí mismo, en vez de ser rico delante de Dios. (Lucas 12:15–21, NVI)

Bendecido para apoyar ministerios y extender el evangelio

Nuevamente, para servir a Dios no es necesario vivir en pobreza. Piense en esto: extender su Palabra por todo el mundo, como nos dice que hagamos la Gran Comisión, cuesta dinero. La televisión cristiana necesita finanzas. Los ministerios por todo el mundo tienen que depender de donativos y ofrendas para seguir la obra del reino de Dios. Imprimir libros y Biblias y producir CDs y DVDs con mensajes cristianos y música puede ser costoso.

Dios le pide a cada uno diferentes cosas. Algunos son ordenados para enseñar, otros reciben la bendición del talento para escribir o cantar, mientras que otros son escogidos para ciertas habilidades para acumular riqueza para financiar el reino (aunque todos podemos hacer esto en algún grado u otro). Juntas, todas las partes del cuerpo de Cristo funcionan como un todo, utilizando sus bendiciones de la mejor forma posible. Así, debemos escuchar su guía y discernir cómo quiere Él que sirvamos en su reino, lo cual determinará cuánto dinero requiere nuestra "función" concreta y particular.

Hagan lo que hagan, trabajen de buena gana, como para el Señor y no como para nadie en este mundo, conscientes de que el Señor los recompensará con la herencia. Ustedes sirven a Cristo el Señor.
(Colosenses 3:23–24, NVI)

Envía tu grano por los mares, y a su tiempo recibirás ganancias. Coloca tus inversiones en varios lugares, porque no sabes qué riesgos podría haber más adelante. (Eclesiastés 11:1–2, NTV)

Si usted da de forma generosa, Dios le bendecirá generosamente; y Él le bendice generosamente para que pueda dar con generosidad: ¡qué bello ciclo!

Mirad lo que oís; porque con la medida con que medís, os será medido, y aun se os añadirá a vosotros los que oís. (Marcos 4:24)

¡Los principios de Dios funcionan! No cabe ninguna duda al respecto en mi corazón. La gente que da, recibe. Ponga a otros primero, y Dios le recompensará. La obediencia a su voz trae incontables bendiciones.

Repito: muchos maestros "cristianos" elevan los atributos de la pobreza y la abnegación hasta el punto en que los creyentes llegan a pensar que tener posesiones materiales y riqueza es pecado. ¡Este concepto está lejos de la verdad bíblica! La clave es vivir con humildad de espíritu mientras se trabaja para avanzar el reino de Dios a través de donaciones económicas y servicio. Sacrificar nuestros propios deseos personales para beneficiar a otro es digno de elogiar, por supuesto, pero Dios no pide de nadie el cien por ciento de sacrificio, pues Jesús ya lo ha dado todo para comprar la salvación para toda la humanidad.

Debe saber que Dios quiere bendecirle. No importa cómo llegue Dios hasta usted, lo único que usted tiene que hacer es decir: "Gracias. Gracias, Jesús". Él le bendice para que pueda bendecir a otros, y bendice a otros para que puedan bendecirle a usted.

> **Dios le bendice para que pueda bendecir a otros, y bendice a otros para que puedan bendecirle a usted.**

Debería usted dar siempre que Dios le bendiga. ¿Sabe algo? Él le bendice todos los días, aunque no siempre económicamente. Independientemente de las formas que tengan las bendiciones, cuando las reciba debería buscar inmediatamente una manera de dar para su obra.

Bendecir a otros produce una doble bendición

Así como Dios bendice a otras personas a través de su generosidad, Él usa a otras personas para bendecirle a usted, así que la próxima vez que alguien haga algo bueno por usted o le ofrezca un regalo, vea a esa persona como un canal de las bendiciones de Dios. También ha de saber que si esa persona está dando en obediencia a Dios, también él o ella recibirá bendición.

> *Dad, y se os dará; medida buena, apretada, remecida y rebosando darán en vuestro regazo; porque con la misma medida con que medís os volverán a medir.* (Lucas 6:38)

Es importante tener en mente la verdad anterior, especialmente porque el cristiano promedio en la actualidad no sabe cómo recibir de Dios o de otros. Esta tendencia parece estar derivada de una determinación a "no tener" para evitar llegar a ser materialista. No sé cómo enfatizarlo más: ¡Jesús nunca nos ordenó que viviéramos deliberadamente en pobreza!

Durante un viaje ministerial a Tulsa, Oklahoma, le dije a uno de los hombres de nuestro equipo que si quería llevarse algo bonito para su novia, debería comprarlo en una tienda en particular. Yo no tenía ni idea del precio de sus productos, pero conocía la reputación de la tienda.

Cuando fuimos a comprar a esa tienda, vi una cartera de tarjetas de presentación de piel muy bonita con un pequeño corazón. Necesitaba una, así que pregunté el precio. Era más cara de lo que me podía permitir. No tenía pensado gastarme tanto dinero en una tarjetera. Después, en el avión de regreso a casa, me sentí mal por no haberla comprado cuando Dios me dijo: "Yo te he bendecido con las finanzas. Te gustaba esa tarjetera y deberías haberla comprado. Te he bendecido para que puedas tener algunas cosas que quieres, no sólo las que necesitas".

Aunque necesitaba una tarjetera, había decidido que estaría bien con una más barata, pero Dios había querido bendecirme dándome dinero suficiente para comprar una tarjetera más cara.

Por tanto, decidí comprar la tarjetera en otro sitio donde hubiera una tienda igual, por tratarse de una franquicia nacional. Durante un mes, estuve atenta para ver si veía alguna de esas tiendas, pero no encontré ninguna.

Estaba a punto de salir de viaje cuando paré un momento en mi oficina y encontré un pequeño paquete sobre mi mesa. Lo abrí y vi la tarjetera que quería. La tarjetita que acompañaba el regalo decía: "Te quiero, de Dios". Dios quería bendecirme. Maleducadamente, yo había dicho no a su regalo, pero Él usó el correo para enviar su bendición a mi oficina. ¡Qué maravilloso es Dios!

Unas semanas después, me encontraba en el aeropuerto cuando vi una de esas tiendas donde había visto la tarjetera. ¿Por qué no la había visto antes? Dios debió de haberme cegado los ojos. En el escaparate había una chequera que hacía juego con la tarjetera. La mujer que me acompañaba conocía mi historia, y me preguntó: "¿Te gustaría tener esa chequera?".

Le dije: "Bueno, la verdad es que no la necesito".

Ella me dijo: "Está bien", pero su cabeza marcó una muestra de decepción, porque quería bendecirme.

Así que le dije: "Si me la quieres comprar, no tengo inconveniente".

Con gran entusiasmo, respondió: "¡Perfecto!".

A través de esta experiencia, Dios me habló claramente sobre su deseo de bendecirnos, incluso en las cosas "pequeñas". Quizá Él quiera bendecirle con un automóvil nuevo. Si usted responde: "No necesito un auto nuevo; mi vehículo tiene diez años y aún me sirve muy bien", quizá Dios diga: "Está bien, entonces se lo daré a otra persona".

Hace años, una amiga mía tuvo esa misma actitud. Su familia tenía muchas necesidades. Alguien se acercó y discretamente le puso algo de dinero en su mano. Ella respondió diciendo: "Vamos, tú lo necesitas más que yo".

Su benevolente amiga le miró fijamente a los ojos y le dijo: "Si no recibes mi regalo, ¡me estarás robando mi bendición!".

Gracias a esa sabia respuesta, mi amiga aceptó el regalo agradecidamente, y ha seguido aceptando regalos durante los años. Incluso si ella recibe algo que no necesite o que sea muy probable que no vaya a usar, sabe que se encontrará con alguien que lo necesitará.

> **Cuando confiamos en el Señor como nuestra Fuente, prosperamos como testimonio de su provisión.**

Los cristianos debemos ser prósperos, no pobres. Cuando confiamos en el Señor como nuestra Fuente, prosperamos como testimonio de su provisión y damos un rayo de esperanza a un mundo bajo la sombra de la pesimista predicción financiera. Proclamemos a quienes nos rodean que Dios es nuestra Fuente y que esperamos sus bendiciones cada día.

Bendecidos para dar gloria a Dios

Ustedes serán enriquecidos en todo sentido para que en toda ocasión puedan ser generosos, y para que por medio de nosotros la generosidad de ustedes resulte en acciones de gracias a Dios.

(2 Corintios 9:11, NVI)

Dios superará sus expectativas para mostrarle que Él está vivo y le ama. Él quiere bendecirle, no por su educación o por lo que pueda hacer por usted mismo, sino en base a su fidelidad en el cumplimiento de su Palabra. Cuando prosperamos sobrenaturalmente (cuando somos bendecidos de una forma que sólo Dios puede orquestar), Él es glorificado. Repito: la voluntad de Dios para nosotros no es que nos sometamos a circunstancias adversas y adoptemos una mentalidad de pobreza, sino que desea proveer para todos nosotros de forma sobrenatural para que podamos darle gloria. La gente reconocerá su amor y le glorificará, así como hicieron Darío y Nabucodonosor cuando Dios libró a Daniel del foso de los leones y a sus tres amigos del horno de fuego (véase Daniel 3:28; 6:26–27).

Bendiciones que causan asombro

El Señor no te dio su amor, ni te eligió porque eras una nación más numerosa que las otras naciones, ¡pues tú eras la más pequeña de todas! Más bien, fue sencillamente porque el Señor te ama y estaba cumpliendo el juramento que les había hecho a tus antepasados. Por eso te rescató con mano poderosa de la esclavitud y de la mano opresiva del faraón, rey de Egipto. Reconoce, por lo tanto, que el Señor tu Dios es verdaderamente Dios. Él es Dios fiel, quien cumple su pacto por mil generaciones y derrama su amor inagotable sobre los que lo aman y obedecen sus mandatos. (Deuteronomio 7:7-9, NTV)

Conozco a un hombre de Dios maravilloso de Texas. Una noche, Dios le dio un sueño de un diseño detallado. A la mañana siguiente, él hizo un diseño para una nueva pieza de maquinaria. Se la llevó a una firma de ingenieros y dijo: "Quiero enseñarles algo. ¿Qué piensan?".

Tras observar el diseño, los ingenieros le dijeron: "Esta es la pieza de maquinaria más sofisticada que hemos visto nunca. ¿Dónde consiguió su título de ingeniería? ¿Cómo pudo diseñar algo así?".

Él respondió: "La recibí a través de un sueño".

Un ingeniero le preguntó: "La recibió ¿en un *qué*?".

Él respondió: "La recibí en un sueño".

Al final, ganó millones de dólares con ese diseño que Dios le dio. No recibió el sueño porque fuese ingeniero. No tenía el título de ingeniería, pues sólo tenía la enseñanza básica. Dios simplemente se lo dio en un sueño. Él obedientemente anotó todo y se lo presentó a la compañía indicada, y fue bendecido con millones de dólares. En este caso, Dios se glorificó a sí mismo dándole a un hombre humilde una visión que desconcertó a los sabios. Este es un gran ejemplo de 1 Corintios 1:27: *"Sino que lo necio del mundo escogió Dios, para avergonzar a los sabios; y lo débil del mundo escogió Dios, para avergonzar a lo fuerte".*

Dios no se detuvo ahí. Como este hombre fue obediente, Dios le dio otro sueño sobrenatural. Cuando Dios encuentra un siervo obediente en el que puede confiar, ¡sigue bendiciéndole abundantemente!

Dios hará esto y mucho más con cualquiera que confíe en Él.

Bendecidos para demostrar la fidelidad de Dios

La Palabra de Dios nos enseña: *"Depositen en él toda ansiedad, porque él cuida de ustedes"* (1 Pedro 5:7, NVI). Somos bendecidos cuando quitamos nuestros ojos del mundo y dejamos de depender del hombre, porque al hacerlo damos la gloria a Dios y demostramos su fidelidad.

Permítame darle un ejemplo. Un día, alguien me dijo que su familia necesitaba un vehículo nuevo. Yo le dije inmediatamente: "Es el momento de orar para que Dios le dé un vehículo de forma milagrosa". Oramos, y así fue. Esa familia compró un vehículo nuevo que costó diez mil dólares menos de su valor de mercado. Tenía sólo tres años, cincuenta mil kilómetros y estaba equipado con asientos de cuero y otros extras. Oramos, ellos creyeron, Dios proveyó ¡y recibieron!

Este es el momento para que los cristianos seamos más prósperos que nunca. Tenemos que ser luces brillantes para el mundo, ejemplos radiantes de prosperidad sobrenatural en medio de una atmósfera de pesimismo. Digámosles a otros que nuestra Fuente es Dios, para que Él se lleve la gloria cuando seamos bendecidos abundantemente.

Capítulo 3

El pan nuestro de cada día

*Mi Dios, pues, suplirá todo lo que os falta conforme
a sus riquezas en gloria en Cristo Jesús.*
—Filipenses 4:19

Tengo un amigo que es guardia de seguridad privado. La gente le contrata para protegerles cuando viajan, y ha estado en muchos destinos por todo el planeta. En una ocasión, le contrataron para escoltar a dos príncipes de un país extranjero y encargarse de su seguridad mientras estaban en los Estados Unidos.

Los recibió al bajarse del avión en el aeropuerto y debía estar con ellos las veinticuatro horas del día. Hicieron su reserva en un hotel de lujo que costaba varios miles de dólares la habitación cada noche. Siempre usaban tarjeta de crédito sin límite. Después, pidieron cenar en los restaurantes más lujosos y fueron a varios bares.

Le dije a mi amigo: "Eso debió de haber sido horrible para ti". Pensé que podría haber sentido celos.

Me respondió: "No, no lo fue. Fue una de las experiencias más increíbles de mi vida".

Me contó que los príncipes y su séquito volaban de Texas a California sólo para comer y luego regresaban esa noche. Los príncipes hacían lo que ellos querían y nunca pensaban en cuánto costaban las cosas. Nunca se preocupaban de pagar sus facturas ni por tener un lugar donde dormir por la noche. Siempre iban con la cabeza alta y los hombros atrás porque sabían quién era su padre: un rey con inestimables riquezas.

La mayoría de nosotros no podemos identificarnos con ese estilo de vida; sin embargo, tenemos que ser conscientes de que podemos y deberíamos vivir con el mismo nivel de confianza porque nuestro Padre es aún más rico que el padre de esos príncipes.

Quien suple todas nuestras necesidades

Nuestro Padre es el Rey de reyes y el Señor de señores. No deberíamos preocuparnos por saber de dónde vendrá nuestra siguiente comida o dónde dormiremos. Nuestro "Papá" proveerá de su abundancia para sus hijos obedientes: ¡usted y yo!

Por tanto os digo: No os afanéis por vuestra vida, qué habéis de comer o qué habéis de beber; ni por vuestro cuerpo, qué habéis de vestir. ¿No es la vida más que el alimento, y el cuerpo más que el vestido? Mirad las aves del cielo, que no siembran, ni siegan, ni recogen en graneros; y vuestro Padre celestial las alimenta. ¿No valéis vosotros mucho más que ellas? ¿Y quién de vosotros podrá, por mucho que se afane, añadir a su estatura un codo? Y por el vestido, ¿por qué os afanáis? Considerad los lirios del campo, cómo crecen: no trabajan ni hilan; pero os digo, que ni aun Salomón con toda su gloria se vistió así como uno de ellos. Y si la hierba del campo que hoy es, y mañana se echa en el horno, Dios la viste así, ¿no hará mucho más a vosotros, hombres de poca fe? No os afanéis, pues, diciendo: ¿Qué comeremos, o qué beberemos, o qué vestiremos? Porque los gentiles buscan todas estas cosas; pero vuestro Padre celestial sabe que tenéis necesidad de todas estas cosas. Mas buscad primeramente el reino de Dios y su justicia, y todas estas cosas os serán añadidas. (Mateo 6:25-33)

En el capítulo 1 mostré cómo podemos meternos en problemas cuando escuchamos lo que dice el mundo y no lo que dice la Palabra. Esto ocurre también con respecto a nuestras prioridades, específicamente las cosas que decimos necesitar para sobrevivir. Según nos acercamos a los últimos tiempos, debemos tener más cuidado de no encontrarnos entre los que aman al dinero y van en pos de cualquier cosa que se puedan permitir, como está escrito en este pasaje que da qué pensar:

*También debes saber esto: que en los postreros días vendrán tiempos peligrosos. Porque habrá hombres amadores de sí mismos, **avaros**, vanagloriosos, soberbios, blasfemos, desobedientes a los padres, ingratos, impíos, sin afecto natural, implacables, calumniadores, intemperantes, crueles, aborrecedores de lo bueno, traidores, impetuosos, infatuados, amadores de los deleites más que de Dios, que tendrán apariencia de piedad, pero negarán la eficacia de ella; a éstos evita.* (2 Timoteo 3:1-5, énfasis añadido)

¡Que Dios no permita que entremos dentro de esta categoría de personas! Hablemos sobre cómo podemos escapar a los peligros del materialismo y mantenernos enfocados en Dios con nuestro corazón lleno de gratitud.

El peligro de confundir "deseos" con "necesidades"

Entre las necesidades se encuentran cosas como alimento, casa, ropa, servicios de la casa, transporte y una fuente de ingresos. Jesús nos dijo en Mateo 6 que no nos preocupáramos por estas cosas.

¿Qué necesitamos realmente? Algunas personas pueden vivir con muy poco. Probablemente Jesús tenía sólo un par de sandalias, no veinticuatro pares de zapatos. Él y sus discípulos viajaban ligero. No llevaban maletas con cuatro mudas de ropa cuando viajaban de ciudad en ciudad. Los cepillos de dientes, secadores de pelo y las planchas rizadoras aún no se habían inventado. Las computadoras portátiles y los teléfonos celulares no existían. Tampoco había televisión, radio, periódicos o Internet para difundir las últimas noticias.

Y aun así, piense en la influencia de Jesús, y después del equipo de discípulos que Él escogió personalmente para difundir el evangelio por todo el Oriente Medio y Asia y también Europa. Bajo la opresión del imperio romano, Jesús y sus discípulos mantuvieron su enfoque en Dios, no en su situación económica, e hicieron del evangelio su mayor prioridad. No dejaron que sus limitaciones, económicas o de otra índole, les evitaran difundir las buenas nuevas de salvación o los milagros de sanidad del Espíritu Santo. Dios proveyó justo lo que necesitaban para llevar su mensaje al mundo.

¿Cuáles son las necesidades básicas? ¿Cuáles son sus necesidades? Muchas personas creen que sus "necesidades" incluyen una casa bonita, un automóvil de lujo, un armario lleno de ropa, cenar todas las noches en un restaurante fino y unas vacaciones exóticas cada año. En la búsqueda de influencia, conexiones y cosas semejantes, los "deseos" de una persona se convierten en "necesidades" a medida que se pierde la perspectiva y las prioridades se dan la vuelta.

Una persona "necesita" éxito; otra persona "necesita" un sueldo más alto para poderse permitir compras de lujo; algún otro "necesita" sentirse mimado y cómodo; aquel "necesita" prestigio y atención. Muchos "necesitan" una casa más grande o un automóvil mejor. Pero la verdad es que ninguna de esas cosas son necesarias para vivir.

> **La verdadera felicidad y el éxito sólo se producen cuando las prioridades del hombre se alinean con las prioridades de Dios.**

La verdadera felicidad y el éxito sólo se producen cuando las prioridades del hombre se alinean con las prioridades de Dios. Después de todo, sólo Dios sabe lo que necesitamos para disfrutar la "vida abundante" que Él quiere darnos (véase Juan 10:10). Lo que es más importante para Dios debiera ser también lo más importante para nosotros. Desgraciadamente, si alguien no conoce o cree en Dios, vive según sus propias prioridades, no según los principios de Dios, y se pierde la *"vida plena y abundante"* (Juan 10:10, NTV). Una persona cuyo principal objetivo es ganar dinero para satisfacer los deseos egoístas está lejos de Dios. Sin embargo, cuando alguien desea aumentar sus ingresos para ayudar a sostener la obra de Dios, entonces Dios se involucra y provee lo que sea necesario para que esa persona tenga éxito, ya sean personas, bienes o finanzas.

Jesús es el *"autor y consumador de la fe"* (Hebreos 12:2). Él sabe lo que usted necesita y cuándo lo necesita. Así como cree que Jesús murió en la cruz por usted, también debería creer que Él tiene en mente lo mejor para usted. Él proveerá lo que usted necesite a su tiempo.

Sea modesto con Dios, no tacaño

Últimamente, los gurús financieros nos han dicho que tenemos que "hacer recortes" en cada área de nuestra vida para sobrevivir. Algunas personas interpretan esto como que, además de no permitirse ciertos lujos como hacerse la pedicura una vez en semana, también tienen que reducir la cantidad de dinero que dan para apoyar la obra de Dios. Quizá otros decidan asistir a la iglesia una vez al mes en lugar de todas las semanas para ahorrarse algo de gasolina. ¡Estas no son las áreas en las que tenemos que hacer recortes! Recuerde: debemos dar fielmente si esperamos que Dios nos recompense.

Medite en el siguiente relato de la viuda, que también aparece en el evangelio de Lucas.

> *Estando Jesús sentado delante del arca de la ofrenda, miraba cómo el pueblo echaba dinero en el arca; y muchos ricos echaban mucho. Y vino una viuda pobre, y echó dos blancas, o sea un cuadrante. Entonces llamando a sus discípulos, les dijo: De cierto os digo que esta viuda pobre echó más que todos los que han echado en el arca; porque todos han echado de lo que les sobra; pero ésta, de su pobreza echó todo lo que tenía, todo su sustento.* (Marcos 12:41–44)

Jesús honró a la viuda por dar lo que tenía para Dios. Ella era consciente de la importancia de dar, e incluso entendió el sacrificio que hacía al dar sus dos monedas. Confiando en que Dios supliría todas sus necesidades, dio todo lo que tenía para honrarle.

No podemos darnos el lujo de dejar de dar nuestros diezmos y ofrendas. Dios es generoso con nosotros, y nosotros debemos ser generosos con Él. Sigamos sus instrucciones, independientemente de lo que digan los hombres. ¡Dios es nuestra Fuente! Él quiere ser lo primero en nuestra vida y siempre sabe lo que es mejor para nosotros. Su sabiduría estará disponible siempre que se la pidamos. Cuando conseguimos que nuestra primera prioridad sea cumplir su voluntad para nuestra vida, todo lo demás se colocará en su sitio, incluyendo nuestra economía.

Piense en sus hábitos cotidianos: ¿se compra tres o cuatro cafés especiales a la semana? (¿o al día?) ¿Con qué frecuencia come o cena en restaurantes? ¿Renta DVDs o ve películas prepago todas las noches? Piense en hacer recortes en estas áreas en lugar de recortar sus responsabilidades con Dios y su reino.

> **Cuando conseguimos que nuestra primera prioridad sea cumplir su voluntad para nuestra vida, todo lo demás se colocará en su sitio, incluyendo nuestra economía.**

"¡Oh no!", dirá la mayoría de la gente. "¡No puedo desprenderme de mis cafés o mis películas!". Algunas personas están muy dispuestas a recortar las cosas espirituales que nutren al hombre interior para la eternidad pero se aferran a los pequeños placeres y entretenimientos vanos que alimentan temporalmente el cuerpo o el alma. Sus prioridades están invertidas.

Siembre semillas para una cosecha eterna

El dinero es como las semillas. Se usa parte para hacer pan para comer, o sea, para sufragar su estilo de vida, y el resto se siembra en buena tierra, la obra del reino de Dios, según le dirija el Señor. Hacer esto producirá una cosecha futura que permitirá que otros oigan las buenas nuevas, y también le permitirá a usted recibir bendiciones y provisión de Dios.

El apóstol Pablo explicó este principio a los corintios hace mucho tiempo, y aún es válido para nosotros hoy.

Y el que da semilla al que siembra, y pan al que come, proveerá y multiplicará vuestra sementera, y aumentará los frutos de vuestra justicia, para que estéis enriquecidos en todo para toda liberalidad, la cual produce por medio de nosotros acción de gracias a Dios. (2 Corintios 9:10–11)

El profeta Isaías escribió sobre cómo Dios respondería a los que esperasen y clamasen a Él:

Entonces dará el Señor lluvia a tu sementera, cuando siembres la tierra, y dará pan del fruto de la tierra, y será abundante y pingüe; tus ganados en aquel tiempo serán apacentados en espaciosas dehesas. (Isaías 30:23)

¿Qué ocurre si convierte toda su semilla en "pan" y se lo gasta en hábitos caros? Se está robando a usted mismo la prosperidad que Dios quiere que tenga. La sociedad de hoy nos dice que necesitamos tener los últimos dispositivos electrónicos, desde iPads a cámaras digitales o teléfonos inteligentes, y que tenemos que vestir a la última moda. "Vivir a la última" es caro, porque las modas cambian continuamente.

¿Por qué no siembra su dinero en un terreno que produzca una cosecha continua, independientemente de las últimas modas y tendencias? Tiene que plantar una cantidad significativa de su semilla en el terreno del reino de Dios. Es importante que entendamos este principio y lo pongamos en práctica. Su vida depende literalmente de ello. No se coma toda la semilla, sino plántela para que se multiplique en una cosecha abundante de almas que hayan encontrado salvación eterna.

¿Entendió usted el otro principio importante de los dos versículos anteriores? Dios provee semilla para el sembrador y lluvia para producir crecimiento. Si Él le dice que haga algo, Él proveerá lo que usted necesite para cumplir la tarea. Por ejemplo, Dios proveyó mantenimiento para la viuda de Sarepta y su hijo cuando ella obedeció al profeta

Si Dios le dice que haga algo, Él proveerá lo que usted necesite para cumplir la tarea.

Elías (véase 1 Reyes 17), y nadie debe olvidarse del maná del cielo que mantuvo con vida a los israelitas durante cuarenta años mientras vagaban por el desierto sin rumbo ni dirección.

Dios no ha cambiado. Él sigue proveyendo; sin embargo, usted tiene que cooperar con sus planes y vivir según sus principios. Cuando sus finanzas están alineadas en acuerdo con la Palabra de Dios, usted será bendecido, increíblemente bendecido, y saldrá de la recesión para poseer todo lo que Dios ha planeado para usted.

Ejercite la capacidad que Dios le ha dado para trabajar

Sino acuérdate de Jehová tu Dios, porque él te da el poder para hacer las riquezas, a fin de confirmar su pacto que juró a tus padres, como en este día.
(Deuteronomio 8:18)

Una vez, cuando estudiaba este pasaje, Dios me reveló una clave dentro de este versículo: es *Él* quien *nos* da el poder para obtener riquezas. No cabe duda de que puede "darnos" las riquezas, pero Él va más allá de darnos un regalo y nos da la capacidad y la sabiduría para amasar riquezas para nosotros mismos. Esto nos asegura que seguiremos recibiendo como una forma de vida. De esa forma no es un regalo puntual, sino una fuente de provisión continua.

Por supuesto, Dios a menudo nos bendice con regalos o dinero por los que no hemos trabajado, pero la mayoría de las veces somos *nosotros* los que trabajamos para generar un aumento en nuestras finanzas. Como dice en 2 Tesalonicenses 3:10: *"Si alguno no quiere trabajar, tampoco coma"*. Dios nos da la capacidad de obtener riquezas; sin embargo, la capacidad quizá nos obligue a ponernos ropa de trabajo y ensuciarnos. En otras palabras, ¡tenemos que trabajar!

Dios nos recompensa por nuestra productividad, por obedecer el mandato del apóstol Pablo en Colosenses:

Hagan lo que hagan, trabajen de buena gana, como para el Señor y no como para nadie en este mundo, conscientes de que el Señor los recompensará con la herencia. Ustedes sirven a Cristo el Señor.

(Colosenses 3:23–24, NVI)

El aumento puede llegar a través de nuestras profesiones, inventos, regalos o herencias; sin embargo, el fundamento que sostiene toda forma de aumento es la Palabra de Dios.

Leer, declarar, creer y obedecer sus principios y conceptos le hará aumentar. Las palabras positivas, las actitudes y la fe, así como nuestra generosidad con nuestros dones y talentos, son como semillas que crecerán y se multiplicarán para producir una cosecha de bendiciones. Para usar otra analogía, Dios nos llama a su "universidad espiritual" para obtener respuestas para la vida. Todos tenemos que decidir asistir a sus clases y aprender de cada lección que Él nos da. Pero es nuestra decisión.

Evite la trampa de la deuda

Los ricos son los amos de los pobres; los deudores son esclavos de sus acreedores. (Proverbios 22:7, NVI)

Dios no quiere que nos endeudemos, porque conoce la esclavitud que la deuda produce. En lo natural (la vida sin la intervención de Dios) es prácticamente imposible evitar tener hipotecas, financiar vehículos y préstamos escolares, pero si tiene préstamos debería intentar pagarlos lo más pronto posible. Merece la pena trabajar lo que haga falta y hacer sacrificios para ahorrarse el dinero de esos intereses.

No merece la pena sufrir las consecuencias de vivir con una gran carga de estrés para intentar pagar una vida extravagante. Si necesita un vehículo nuevo, ore y pídale a Dios que le envíe uno. La gente se desprende de vehículos continuamente; yo lo he visto muchas veces, y mientras espera a conseguir su vehículo nuevo, intente manejarse con el que tiene. Lo mismo ocurre cuando desea ampliar su surtido de ropa: piense en la ropa que ya tiene e intente encontrar combinaciones creativas en lugar de ir corriendo a la tienda para comprar más. De igual modo, revise su despensa y prepare una comida creativa siempre que sienta la tentación de salir a comer fuera.

Estas simples sugerencias pueden ayudarle a desarrollar un sentimiento de contentamiento y paciencia mientras espera los milagros de Dios para suplir sus necesidades.

Las recompensas del duro trabajo y un espíritu fuerte

Uno de los libros más pasados por alto de la Biblia es Rut, y sin embargo este libro contiene principios eternos apropiados para nuestra actual situación económica. Cuando Rut, una mujer de Moab, se quedó viuda, su suegra Noemí (también viuda) le dijo a Rut y a su otra nuera viuda que se volvieran a sus países, porque ella no tenía forma de sostenerlas. Sin embargo, Rut se comprometió a permanecer junto a su suegra, y regresó con Noemí a su ciudad natal de Belén en Judá.

Noemí culpó a Dios de su infortunio, y se lamentó:

No me llaméis Noemí, sino llamadme Mara; porque en grande amargura me ha puesto el Todopoderoso. Yo me fui llena, pero Jehová me ha vuelto con las manos vacías. ¿Por qué me llamaréis Noemí, ya que Jehová ha dado testimonio contra mí, y el Todopoderoso me ha afligido? (Rut 1:20–21)

Mientras que su suegra lloraba desconsolada, Rut se fue a trabajar. Obtuvo permiso de Noemí para conseguir grano de algunos campos vecinos. Cuando el hombre propietario del campo descubrió a Rut, le mostró su favor:

Entonces Booz dijo a Rut: Oye, hija mía, no vayas a espigar a otro campo, ni pases de aquí; y aquí estarás junto a mis criadas. Mira bien el campo que sieguen, y síguelas; porque yo he mandado a los criados que no te molesten. Y cuando tengas sed, ve a las vasijas, y bebe del agua que sacan los criados. Ella entonces bajando su rostro se inclinó a tierra, y le dijo: ¿Por qué he hallado gracia en tus ojos para que me reconozcas, siendo yo extranjera? Y respondiendo Booz, le dijo: He sabido todo lo que has hecho con tu suegra después de la muerte de tu marido, y que dejando a tu padre y a tu madre y la tierra donde naciste, has venido a un pueblo que no conociste antes. Jehová recompense tu obra, y tu remuneración sea cumplida de parte de Jehová Dios de Israel, bajo cuyas alas has venido a refugiarte. Y ella dijo: Señor mío, halle yo gracia delante de tus ojos; porque me has consolado, y porque has hablado al corazón de tu sierva, aunque no soy ni como una de tus criadas. Y Booz le dijo a la hora de comer: Ven aquí, y come del pan, y moja tu bocado en el vinagre. Y ella se sentó junto a los segadores, y él le dio del potaje, y comió hasta que se sació, y le sobró. Luego se levantó para espigar. Y Booz mandó a sus criados, diciendo: Que recoja también espigas entre las gavillas, y no la avergoncéis; y dejaréis también caer para ella algo de los manojos, y lo dejaréis para que lo recoja, y no la reprendáis. Espigó, pues, en el campo hasta la noche, y desgranó lo que había recogido, y fue como un efa de cebada. (Rut 2:8–17)

Booz bendijo a Rut con protección, con favor, con el fruto de sus campos, y finalmente con la seguridad del matrimonio cuando la tomó por esposa. Fue su "pariente redentor". De esta forma, fue un tipo del Antiguo Testamento de Cristo, nuestro Redentor.

Rut le dio a Booz un hijo llamado Obed, que se convertiría en el abuelo del rey David. ¿No es increíble? Dios redimió a una mujer que no era judía de un pueblo idólatra durante un tiempo de crisis personal tanto a nivel emocional como económico, la bendijo con un marido, hijos y riqueza, y le hizo formar parte del linaje de Jesús.

Lo que Dios hizo entonces, lo sigue haciendo hoy día. Muchos de nosotros estamos en la misma posición en la que estaban Rut y Noemí, sufriendo pobreza de espíritu, falta de provisión, preocupación y congoja. Una gran parte del mundo está sufriendo un declive económico. Los bancos y las empresas multinacionales se derrumban. Los índices de desempleo son altos en los Estados Unidos y en todo el mundo. Las monedas están empezando a apuntalar artificialmente. Se podría decir que hay un tipo de hambruna en la tierra. Sin embargo, como Noemí y Rut, tenemos que tomar una decisión. Cuando nos encontramos ante circunstancias difíciles, podemos decidir amargarnos y culpar a Dios, como hizo Noemí, o podemos arrojarnos a los pies de Jesús, nuestro Redentor, y confiar en que Él proveerá para que caminemos en humilde obediencia a Él, algo parecido a lo que hizo Rut. Si su actitud verdaderamente controla su "altitud", este es el momento de asegurarse de confiar en Jesús como su Salvador y decir sólo palabras de fe en Él.

Dios Padre está dando a sus hijos sueños, visiones, inventos geniales y nuevas ideas de negocios para sostenerles en medio de estos tiempos de dificultad económica. Jesús, como nuestro divino Booz, está dirigiendo a sus siervos, tanto humanos como divinos, para dar provisión a los que obtienen su favor: sus "Rut". Él nos da el poder para obtener riqueza de formas totalmente inesperadas.

Dios quiere soltar su favor como una señal y maravilla para los perdidos, demostrando que Él vive y recompensa a los que confían en Él.

El Señor quiere mostrarse como un Dios fuerte a una generación que está destinada a guiar a los que no le conocen a salir de la esclavitud hacia la libertad que se produce cuando se tiene una relación personal con Él. Él quiere soltar su favor como una señal y maravilla para los perdidos, demostrando que Él vive y recompensa a los que confían en Él.

Su deseo no es que sus hijos se pudran siendo esclavos de extranjeros que adoran otros dioses, como Rut hubiera hecho de regresar a Moab, sino que quiere liberar a su pueblo. Él nos llama a ocupar una posición con Él que nos permita mirar por encima de las cabezas de nuestros enemigos y mirar en el ámbito de lo celestial a la Fuente de nuestra provisión en Cristo.

Cada crisis, ya sea económica, emocional, espiritual, relacional o física, tiene una solución sobrenatural que Dios pone a disposición de su pueblo, si tan sólo conectamos con su sabiduría de la forma adecuada. Dios quiere sacarnos de un estilo de vida de recoger las sobras de los esfuerzos del mundo a entrar en la plenitud de su santa cosecha: un lugar de abundancia, un lugar de utilidad y plenitud. ¡Entremos ahora!

Capítulo 4

Dar a la manera de Dios

*Traed todos los diezmos al alfolí y haya alimento
en mi casa; y probadme ahora en esto, dice Jehová
de los ejércitos, si no os abriré las ventanas de los
cielos, y derramaré sobre vosotros bendición hasta
que sobreabunde. Reprenderé también por vosotros
al devorador, y no os destruirá el fruto de la tierra,
ni vuestra vid en el campo será estéril, dice Jehová
de los ejércitos. Y todas las naciones os dirán
bienaventurados; porque seréis tierra deseable,
dice Jehová de los ejércitos.*
—Malaquías 3:10–12

En este pasaje de Malaquías, Dios nos reta a que le probemos. Cuando lo hagamos, Él nos demostrará que no miente, haciendo lo que dice que hará. Él quiere que acepte usted su oferta de bendecirle. ¿No es increíble? Él también promete protegerle del enemigo: "[el] *devorador*". El único requisito previo es darle fielmente.

Expresemos gratitud y obediencia a Dios

El hecho de devolverle a Dios en forma de diezmos, ofrendas y limosnas le demuestra que le reconocemos como la Fuente de todo lo que tenemos y también demuestra que confiamos en que Él proveerá para nuestras necesidades.

Por supuesto, podemos decir: "¡Gracias, Dios!" para mostrar nuestro agradecimiento al gran Proveedor. Sin embargo, simplemente el hecho de decir esas palabras no expresa adecuadamente nuestra creencia en Él y en su Palabra. La mejor manera de darle gracias es dar libremente, como Él nos guíe, a través de nuestros diezmos, ofrendas y limosnas a nuestras iglesias, a ministerios cristianos, a obras de caridad y directamente a los necesitados. Haciendo eso, no sólo le estamos mostrando a Él nuestro corazón, sino que también estamos demostrándole a Él y al mundo nuestra fe en lo que Él dice con respecto a quién es Él. El hecho de devolverle a Dios en forma de diezmos, ofrendas y limosnas le demuestra que le reconocemos como la Fuente de todo lo que tenemos y también demuestra que confiamos en que Él proveerá para nuestras necesidades. Es más, ¡Él nos ordena hacerlo!

Sino que el lugar que Jehová vuestro Dios escogiere de entre todas vuestras tribus, para poner allí su nombre para su habitación, ése buscaréis, y allá iréis. Y allí llevaréis vuestros holocaustos, vuestros sacrificios, vuestros diezmos, y la ofrenda elevada de vuestras manos, vuestros votos, vuestras ofrendas voluntarias, y las primicias de vuestras vacas y de vuestras ovejas; y comeréis allí delante de Jehová

vuestro Dios, y os alegraréis, vosotros y vuestras fa-
milias, en toda obra de vuestras manos en la cual
Jehová tu Dios te hubiere bendecido.

(Deuteronomio 12:5–7)

¿Necesita Dios nuestro dinero? No, claro que no, porque todo es suyo; sin embargo, sí necesita saber en qué medida apreciamos sus regalos, y necesita nuestra obediencia como señal de nuestra fe en su capacidad para proveernos. Recuerde: Dios no quiere su dinero, ¡sino su corazón!

> **Dios no quiere su dinero, ¡sino su corazón!**

Además, cuando damos dinero para apoyar a los siervos del Señor, realmente le "ayudamos" a ayudarles. ¡Dar es divertido! ¡Es gratificante! Y es un privilegio poder devolverle a Dios, sabiendo que Él confía en que obedezcamos su voz y ayudemos a otros a cumplir el llamado de Él en sus vidas. No "tenemos" que hacerlo como imposición, pero "queremos" bendecirle con nuestro aprecio, agradecimiento y amor.

Dios nos da vida, cada respiración, cada latido. Él creó la tierra para sostenernos, el sol para mantenernos calientes, la lluvia para repoblar la tierra. Todo lo que Él creó fue para nuestro beneficio. Nos da todo lo que tenemos ahora y todo lo que tendremos en el futuro. ¿Por qué la gente se enoja cuando tiene que devolverle a Él un poquito de lo que es suyo? Él no nos pide todo lo que tenemos, tan sólo una pequeña parte de nuestro "salario". Cuando le entregamos nuestro futuro económico al Señor, podemos estar tranquilos sabiendo que Él suplirá nuestras necesidades.

Cada ingreso que usted hace en el banco celestial de Dios tiene un beneficio garantizado para su futuro y el de sus descendientes. Esta verdad está incluida en la Palabra de Dios, la Biblia, que es el contrato de Él con sus hijos.

Usted tiene que leer la "letra pequeña" de su contrato personal con su Creador (los detalles de cómo y por qué maneja Él sus finanzas) y aceptar su revelación para su situación económica. Al margen de las incertidumbres que podamos tener sobre dar de manera sacrificial, debemos tener en mente que Dios puede hacer más con nuestro dinero que lo que nosotros podríamos hacer por nosotros mismos.

Diezmos

El diezmo es sencillamente el 10 por ciento de todo lo que usted genera o recibe: sus entradas. Cuando diezmamos fielmente, o devolvemos esa cantidad a Dios, Él nos bendice haciendo que el 90 por ciento restante llegue más allá de lo que lo haría si no le restáramos el diezmo.

La práctica del diezmo estaba presente antes de que la ley, incluyendo el mandamiento de diezmar, fuese dada a Moisés. De hecho, el primer mandato bíblico de diezmar ocurre en Génesis 14:18–20, que dice que Abram le dio a Melquisedec el diezmo de todo lo que tenía, y ha perdurado desde entonces.

Jacob prometió dar una décima parte de todo lo que tenía al Señor por su fiel presencia y provisión (véase Génesis 28:20–22).

En Levítico se describe el diezmo como algo *"santo"*:

La décima parte de los productos de la tierra, ya sea grano de los campos o fruto de los árboles, le pertenece al Señor y debe ser apartada, es santa para el Señor... Cuenta uno de cada diez animales de tus manadas y rebaños, sepáralo, es santo para el Señor. (Levítico 27:30, 32, NTV)

Si algo es santo, le pertenece al Señor. Así, el diezmo es la parte de sus posesiones que debe volver a Él. Usted es un administrador de todo lo que Dios le ha dado, y un administrador fiel diezma el 10 por ciento y luego distribuye el resto entre su cuenta bancaria, para futuros gastos; su cartera, para suplir los gastos de cada día; y la iglesia u otra organización cristiana, para apoyarles económicamente.

Yo creo que hay dos razones para diezmar: una natural y otra sobrenatural. En Malaquías 3:10, Dios ordena a su pueblo que traiga sus diezmos al *"alfolí"*. El equivalente a alfolí para nosotros hoy sería la iglesia donde somos alimentados espiritualmente de manera regular. ¿Por qué hacemos esto? Para que haya *"alimento"* (versículo 10) en la casa de Dios. Cuando todos contribuyen con su parte, hay abundancia de recursos para llevar a cabo su obra. Así, vemos que la razón natural para diezmar es suplir las necesidades físicas de la iglesia, pagando con ello las facturas de los servicios públicos, proveyendo para los salarios del equipo de trabajo, para financiar eventos evangelísticos, conseguir alimentos y cosas similares. El diezmo nos ayuda a cubrir los gastos diarios que tiene la iglesia. Estas cosas son necesarias en la sociedad de hoy. Nos gusta ir a una iglesia donde haya luz, equipo de sonido y agua corriente en los baños y fuentes de agua.

La razón sobrenatural para diezmar es que es beneficioso para usted. Hay bendiciones que vienen cuando obedecemos. En Malaquías 3:10–12 verá que la promesa de la protección de Dios está directamente ligada al diezmo. Cuando usted diezma en obediencia, Él reprende al devorador, Satanás, y a sus subordinados, que están decididos a descarrilarle de su búsqueda del propósito de Dios para su vida.

Dios nos ha hecho una promesa. Cuando diezmamos el 10 por ciento, Él multiplica el 90 por ciento restante para suplir nuestras necesidades. Nuestra obediencia demuestra que le adoramos a Él, y no a nuestro dinero.

Ofrendas

Yendo un paso más allá, el Espíritu Santo nos moverá a dar una ofrenda: una cantidad por encima, o además de nuestro diezmo. Esta es otra oportunidad de darle a Él en obediencia y confiarle todo lo que tenemos, porque todo nos vino de Él en un principio.

Durante la mayoría de los servicios de las iglesias, parte de nuestra adoración se llama las "ofrendas". A veces se le llama "ofrenda voluntaria". Repito: una ofrenda es una cantidad aparte y además de su 10 por ciento de diezmo que usted le da a Dios. Cuando el Espíritu Santo nos mueve a dar para una necesidad concreta en la iglesia o para un ministerio en particular, su donativo se considera una ofrenda. El donativo que se les da a los evangelistas cristianos, oradores, maestros, artistas y ministerios de televisión también se considera ofrenda.

Una ofrenda específica que se conoce como ofrenda de "primicias" proviene de un mandato bíblico (véase, por ejemplo, Éxodo 23:19; Levítico 2:12; Deuteronomio 18:4) y se da al principio o al final del año, además de los diezmos y ofrendas regulares. Aquello que le dé "primero" a Dios producirá una bendición especial de Él sobre todo lo demás que usted haga después.

> *Si se consagra la parte de la masa que se ofrece como primicias, también se consagra toda la masa; si la raíz es santa, también lo son las ramas.*
> (Romanos 11:16, NVI)

> *Honra a Jehová con tus bienes, y con las primicias de todos tus frutos; y serán llenos tus graneros con abundancia, y tus lagares rebosarán de mosto.*
> (Proverbios 3:9–10)

Una forma fácil y práctica de cumplir con el espíritu de la ofrenda de las primicias es firmar un cheque con su diezmo lo "primero", no después de haber pagado todas sus facturas. Su compromiso con Dios tiene mayor prioridad y se da primero. Cuando usted le honra por encima de todo lo demás, le parecerá que su dinero se estira para cubrir el resto de sus gastos.

Limosnas

Las limosnas pueden incluir donativos económicos, pero las limosnas pueden no ser dinero. Además de los diezmos y ofrendas, las limosnas se les dan a los pobres y necesitados y pueden ser cosas como comida, ropa y otros útiles.

Cuando haya en medio de ti menesteroso de alguno de tus hermanos en alguna de tus ciudades, en la tierra que Jehová tu Dios te da, no endurecerás tu corazón, ni cerrarás tu mano contra tu hermano pobre, sino abrirás a él tu mano liberalmente, y en efecto le prestarás lo que necesite... Porque no faltarán menesterosos en medio de la tierra; por eso yo te mando, diciendo: Abrirás tu mano a tu hermano, al pobre y al menesteroso en tu tierra.

(Deuteronomio 15:7–8, 11)

A Jehová presta el que da al pobre, y el bien que ha hecho, se lo volverá a pagar. (Proverbios 19:17)

En tiempos bíblicos, mucho antes de que se establecieran los bancos, era normal que la gente intercambiase bienes y servicios en vez de pagarlos con dinero. De igual forma, los que obedecían a Dios llevaban a los sacerdotes sus diezmos y ofrendas a base de animales de sus rebaños y productos de sus campos.

En la actualidad, la mayoría de las iglesias, ministerios cristianos y organizaciones sin ánimo de lucro obtienen poco beneficio de animales vivos o camiones llenos de maíz y trigo. En el mundo moderno, el dinero en efectivo funciona mejor porque se puede aplicar más fácilmente a la necesidad y hacer que el evangelio siga extendiéndose por todo el mundo. Aun así, hay algunos artículos que siguen formando parte de las limosnas.

Por ejemplo, cuando viajé con un equipo a Haití para alimentar a los espiritual y físicamente hambrientos, nuestros esfuerzos entrarían en la categoría de limosna. Todos dimos libremente de nuestro tiempo, dinero, energía, comodidad y amor a aquellos que literalmente habían perdido todo lo que tenían. Para ellos, incluso un abrazo era un tesoro. Al vivir con tanto, a menudo damos por hechos esos sencillos gestos.

Las limosnas incluyen esas pequeñas y sencillas cosas que usted puede hacer o dar de forma espontánea sin esperar retorno alguno o reconocimiento de nadie. En Navidad, usted puede escoger donar juguetes para niños que nunca verá o conocerá. Podría comprar una tarjeta regalo para una familia en necesidad. Como un acto de obediencia a la voz de Dios, quizá sienta en su corazón extender un cheque o dar un donativo a alguien que no conoce en la iglesia o en el supermercado.

La Biblia nos da un buen ejemplo de alguien que fue bendecido por su generosidad dando limosnas. Hechos habla de un centurión, un hombre *"piadoso y temeroso de Dios con toda su casa, y que hacía muchas limosnas al pueblo y oraba a Dios siempre"*, llamado Cornelio (Hechos 10:2). Un ángel se le apareció, y le dijo: *"Tus oraciones y tus limosnas han subido para memoria delante de Dios"* (versículo 4), y le dijo que fuera a buscar al apóstol Pedro para hablar con él y su familia, que eran gentiles (véase versículos 5–6). Como resultado de la explicación de Pedro de las buenas nuevas, Cornelio y su casa recibieron la salvación y fueron llenos del Espíritu Santo (véase Hechos 10:24–48). Cornelio había dado libremente de sus riquezas a otros y, como resultado, recibió un regalo de un valor incalculable: la salvación y la morada del Espíritu Santo.

Sembrar en obediencia

Se ha dicho hasta la saciedad: "Si no es suficiente para suplir tu necesidad, es suficiente para que sea tu semilla". En obediencia, usted siembra su semilla plantándola donde y cuando Dios le diga.

Las semillas plantadas en un jardín se convierten en plantas. Las semillas financieras, sembradas o plantadas en lo sobrenatural, producen finanzas en lo natural. No es una táctica para hacerse rico al instante; es la forma en que Dios bendice la obediencia. Al margen de la cantidad, cuando usted da en obediencia a Dios, Él le bendice como consecuencia, como discutimos brevemente en el capítulo 1.

> *Traed todos los diezmos al alfolí y haya alimento en mi casa; y probadme ahora en esto, dice Jehová de los ejércitos, si no os abriré las ventanas de los cielos, y derramaré sobre vosotros bendición hasta que sobreabunde.* (Malaquías 3:10)

Los cristianos "bebés" (nuevos) tienen que "probar" a Dios, como Él nos indica en su Palabra. ¿Está usted listo para "probar" a Dios? Él ya le ha dado sus semillas para sembrar por medio de diezmos, ofrendas y limosnas. Nuevamente, su semilla no tiene que ser siempre dinero. Si cree que no tiene ninguna semilla en forma de dinero que sembrar, ponga algo que *sí* tenga en el canasto de la ofrenda, como una polvera o un bolígrafo. Considere ofrecerse como voluntario

**Manténgase alerta
y espere encontrar
oportunidades
para darle a Dios
de maneras únicas.**

con su tiempo y talentos para suplir una necesidad que haya en su iglesia. Dios conoce los talentos que le ha dado, y pondrá oportunidades delante de usted para servir a otros. Manténgase alerta y espere encontrar oportunidades para darle a Él de maneras únicas. Dios quiere bendecirle. Él le liberará para hacer lo que le ha llamado a hacer.

Cuando siembra económicamente con dinero o un cheque personal, ¿cómo decide cuánto dinero sembrar? A menudo, yo suelo practicar lo que llamo la "dádiva bíblica".

Dádiva bíblica

Tengo el hábito de dar ofrendas en fe para necesidades concretas. Lo que llamo la "dádiva bíblica" es una de las herramientas más poderosas que puedo compartir con usted. Permítame explicarle a lo que me refiero cuando digo dádiva bíblica. Es básicamente una aplicación financiera del principio de ponerse de acuerdo con la Palabra de Dios, como se nos manda hacer en Mateo 18:19–20:

> *Otra vez os digo, que si dos de vosotros se pusieren de acuerdo en la tierra acerca de cualquiera cosa que pidieren, les será hecho por mi Padre que está en los cielos. Porque donde están dos o tres congregados en mi nombre, allí estoy yo en medio de ellos.*

La dádiva bíblica es una forma de usar nuestro dinero en acuerdo con la Palabra de Dios.

Se empieza identificando una necesidad; por ejemplo, usted está enfermo y desea creer que Dios le va a sanar. Una vez identificada la necesidad, escudriña las Escrituras en busca de versículos relacionados con ese tema. Así, si lo que necesito es sanidad, quizá elijo Jeremías 30:17: *"Mas yo haré venir sanidad para ti, y sanaré tus heridas, dice Jehová"*. Finalmente, usted se aferra a ese versículo en fe mientras espera la respuesta de Dios, y para reforzar su fe, siembra una semilla correspondiente. Usando el ejemplo de Jeremías 30:17, quizá escriba un cheque de 30,17 dólares y lo deposite en el canasto de la ofrenda.

Hay ciertos versículos, como es el caso de Juan 3:16, que se quedan grabados en la memoria. Muchas personas tienen un "versículo personal" o un pasaje favorito al que se aferran en momentos difíciles. De nuevo, en el paso final de la dádiva bíblica usted no sólo se aferra a un versículo, sino que siembra, o da a Dios, usando el versículo como su guía.

Cuando extiende un cheque por la cantidad correspondiente, le recordará el versículo en concreto al que se está aferrando en fe. Después, cuando reciba el cobro del cheque o vea la cantidad reflejada en su extracto de movimientos bancarios, de nuevo se volverá a acordar de ese versículo y de aquello sobre lo que está esperando que Dios actúe. Y cuando plante su ofrenda de semilla con la Palabra de Dios para un propósito específico, regresará a usted habiendo cumplido aquello para lo que fue enviada (véase Isaías 55:11). Le volverá multiplicado repetidamente.

Iguale su semilla con su necesidad

Una mujer llegó a un seminario de sanidad en el que yo predicaba sobre Deuteronomio 1:11: *"¡Jehová Dios de vuestros padres os haga mil veces más de lo que ahora sois, y os bendiga, como os ha prometido!"*. El viernes por la noche, ella dio una semilla de 111 dólares, creyendo en fe que podría permitirse hacer más viajes misioneros en el futuro. Al día siguiente recibió una llamada telefónica diciendo que su hipoteca había sido cancelada. ¿Hablamos de la bendición?

¿Conoce a alguien que esté en el ejército o sirviendo en el campo misionero en una zona peligrosa de la tierra? El Salmo 91 es un pasaje poderoso que habla de la protección. Una amiga mía sembró 91 dólares para la seguridad de su yerno, que estaba en el ejército, y lo que ocurrió después es muy interesante.

Ese joven estaba destinado en el extranjero, y su posición requería trabajar con combustible de aviones todos los días. Un día, explotó un contenedor de combustible, empapándole de combustible. Inmediatamente le dieron una ducha y le restregaron con estropajo metálico desde la cabeza hasta la planta de sus pies. Después, los doctores le indujeron un coma y le alimentaron de forma intravenosa para limpiar las toxinas de su cuerpo. Además, el combustible le había dejado ciego.

Todos esos tratamientos preventivos hicieron que el joven soldado no pudiera hacer la llamada telefónica que había acordado mantener con su esposa, la hija de mi amiga, todos los días. Llegaba la hora y no ocurría nada; no llamaba, no llamaba. No hace falta decir que su esposa comenzó a preocuparse mucho.

Su preocupación pronto escaló hasta convertirse en un ataque de pánico. Se encontraba en mi casa el día que esto ocurrió, y por eso pude experimentar su trastorno emocional.

Cuando el joven finalmente pudo llamar a su esposa para explicarle lo sucedido, rápidamente oré: "Padre, el suegro de este joven sembró 91 dólares para su protección, y esta situación no concuerda con tu Palabra. Declaro restauración para su vista, y ordeno que todo lo malo que ha sucedido debido a este accidente se vaya".

¡Nunca limite a Dios al dudar de lo que Él puede hacer!

Las siguientes palabras que escuchó su esposa fueron emocionantes. Sus ojos se habían abierto de inmediato, ¡y había recuperado su vista! ¡Gloria a Dios!

Dios escucha nuestras oraciones y las responde, a miles de kilómetros, a veces en cuestión de segundos. ¡Nunca limite a Dios al dudar de lo que Él puede hacer!

Si tiene un hijo o una hija que no esté sirviendo a Dios, piense en sembrar 49,25 dólares para aferrarse a la promesa de Isaías 49:25: "*Y yo salvaré a tus hijos*".

Nadie puede comprar la salvación, la sanidad o cualquier otra cosa de Dios, ya lo sé; sin embargo, puede sembrar una cantidad significativa como correspondencia con un versículo que tenga que ver con aquello por lo que está orando y creer que Dios se lo dará. Sembrar bíblicamente añade importancia a la cantidad de dinero de su dádiva.

He enseñado a las personas a plantar una semilla específicamente por la salvación, reafirmación y/o restauración de un hijo pródigo. Poco después, su hijo o hija estaba caminando por el pasillo de la iglesia, listo para dedicar su vida a Jesús. Esto ha ocurrido cientos de veces.

Conozco a personas que han adoptado esta práctica como su estrategia número uno a la hora de dar. Muchas personas han actuado sobre la base de esta instrucción sembrando 111 dólares, en acuerdo con Deuteronomio 1:11, un versículo que compartí antes. Algunos siembran 111,11 dólares al mes. Estas personas están recibiendo tanto a cambio que apenas vuelven a poner la semilla en la tierra cuando el Señor ya les está bendiciendo de nuevo. Siembre 111,11 dólares, 1.111,11, o cualquier variación de 11, según pueda, incluso aunque sea 11,11 ó 1,11. Pídale a Dios que le dirija para saber dónde poner la coma decimal.

Matemáticas divinas

Uno mas uno (1 + 1) es igual a dos (2); sin embargo, uno *y* uno es once (11) (véase Deuteronomio 1:11). Las matemáticas de Dios no siempre son como la lógica matemática, *"porque lo insensato de Dios es más sabio que los hombres"* (1 Corintios 1:25). La revelación de la dádiva bíblica ha sido poderosa. La he visto funcionar en mi propia vida, así como en las vidas de otros.

Por eso, encuentre un versículo que encaje con su necesidad. Quizá incluso encuentre más de un versículo. Afírmese en la Palabra de Dios. Dé a Dios en fe, y la circunstancia para la que está sembrando en fe se alineará con ese versículo de las Escrituras. Su Palabra es su promesa.

Recuerde: está sembrando y alineándose con un versículo bíblico concreto. Si quiere aferrarse a la protección de Dios, ¡siembre 91 dólares! Si no tiene 91 dólares disponibles en este momento, dé 9,10 ó 91 céntimos.

Si hay gente que le está atacando, siembre 54,17 dólares mientras repite estas palabras: *"Ninguna arma forjada contra* [mí] *prosperará"* (Isaías 54:17).

Otro versículo muy común para dar bíblicamente es Isaías 49:25, que ya mencioné antes: *"Pero así dice Jehová:... y tu pleito yo lo defenderé, y yo salvaré a tus hijos"*.

Enseñé a una pareja a dar una semilla de 49,25 dólares por un hijo que se había separado de su esposa. Su hijo y su nuera ahora están juntos y felices. ¡Dios es increíble!

Isaías 49:25 es también un gran versículo para utilizar cuando alguien vaya a por usted atacándole, ya sea verbalmente o con una situación legal. Siembre 49,25 dólares, crea en fe y observe cómo Dios le dará la vuelta a la situación.

Este principio siempre me ha funcionado. El éxito que he experimentado en mi propia vida y que he visto en las vidas de otros aumenta mi fe en la dádiva bíblica. Si usted quiere dar 100 dólares, invoque el Salmo 100 a manera de fertilizante para estimular el fruto de una bendición económica. Independientemente de lo que usted decida hacer, y al margen de la cantidad que decida dar, siembre su ofrenda con un versículo que refuerce su dádiva, y observe cómo Dios responde.

Aquí tiene algunas ideas adicionales a considerar. Si desea mayor sabiduría y revelación, siembre 117,19 dólares, basándose en el siguiente pasaje:

> *Para que el Dios de nuestro Señor Jesucristo, el Padre de gloria, os dé espíritu de sabiduría y de revelación en el conocimiento de él, alumbrando los ojos de vuestro entendimiento, para que sepáis cuál es la esperanza a que él os ha llamado, y cuáles las riquezas de la gloria de su herencia en los santos, y cuál la supereminente grandeza de su poder para con nosotros los que creemos, según la operación del poder de su fuerza.* (Efesios 1:17–19)

Si espera que Dios le dé una esposa, siembre 31 dólares, en acuerdo con Proverbios 31, que es el retrato de un matrimonio ideal, bíblicamente basado. Una amiga mía lo hizo, y ahora está contando los días que le quedan para su boda. Está comprometida con un maravilloso hombre de Dios, y tienen planes de hacer más y más para su reino cuando unan sus hogares y sus vidas.

También me gusta sembrar 55,11 dólares, en acuerdo con Isaías 55:11: *"Así será mi palabra que sale de mi boca; no volverá a mí vacía, sino que hará lo que yo quiero, y será prosperada en aquello para que la envié".* La Biblia dice que la Palabra de Dios no volverá vacía o sin efecto. Aférrese a este versículo mientras se prepara para recibir lo que Dios le haya hablado. Nombre su semilla, plántela en buena tierra y espere en fe. ¿En qué área está esperando que Dios obre? ¡Sea específico! ¡Sea detallado en su petición! Las promesas de Dios no son palabras vanas. Su semilla volverá en forma de cosecha. Volverá a usted sobrenaturalmente.

Sea cual sea su situación, si está pensando dar una ofrenda, pregúntele a Dios en oración: "Dios, ¿cuánto quieres que dé?". Si la cantidad que Él pone en su corazón para plantar no tiene un versículo que lo acompañe, no se preocupe por ello. Simplemente dé según Dios le muestre, pero si está esperando que Dios obre en una situación concreta, escudriñe las Escrituras para encontrar un versículo con el que pueda alinear su ofrenda y aférrese en fe. Después, su semilla, plantada en fe, abrirá las ventanas de los cielos (véase Malaquías 3:10), y las bendiciones de Dios se derramarán en abundancia por encima de cualquier cosa que usted pueda esperar o pensar (véase Efesios 3:20).

Capítulo 5

El poder de la asociación

*Pero esto digo: El que siembra escasamente,
también segará escasamente; y el que siembra
generosamente, generosamente también segará.
Cada uno dé como propuso en su corazón: no con
tristeza, ni por necesidad, porque Dios ama al
dador alegre.*
—2 Corintios 9:6–7

Muchas personas creen que cuando ponen su dinero en la cesta de la ofrenda, se acabó la historia. Pero el impacto de sus dádivas económicas, ya sean diezmos, ofrendas o limosnas, así como las bendiciones que recibe como resultado de ello, perdura más allá del tiempo de la colecta. Dios bendice su contribución inmediata, por supuesto, pero las bendiciones futuras son imposibles de saber.

Piense en una piedra que arroja en un río. Hay una reacción inmediata: una serie de anillos que brotan del punto de entrada en el agua, pero no se detiene ahí. Las ondas continúan, extendiéndose mucho más allá del centro del círculo.

Ahora, imagínese poniendo una ofrenda en la cesta. Ese simple acto pone en movimiento una secuencia de eventos, como anillos concéntricos en un río, que llega muy lejos. Si juntamos todos, nuestros donativos ayudan a extender el evangelio por el continente y por todo el mundo. Cada centavo, cada dólar es una pincelada vital en el cuadro que Dios está dibujando, un cuadro de un mundo en el que *"se doble toda rodilla de los que están en los cielos, y en la tierra, y debajo de la tierra; y toda lengua confiese que Jesucristo es el Señor, para gloria de Dios Padre"* (Filipenses 2:10–11). Esta obra de arte cada vez está más cerca de su término a medida que los hijos de Dios se asocian entre ellos, tanto con ministerios locales como por todo el mundo, para extender su Palabra de sanidad a los heridos, los enfermos y los que aún no creen.

Las asociaciones ayudan a dirigir el "barco"

Una vez estaba ministrando en una iglesia, y el pastor compartió algo profundo que cambió mi forma de ver las asociaciones. En inglés, la palabra que se usa para socio o colaborador significa también "cuaderna", que es cada una de las piezas curvas cuya base o parte inferior encaja en la quilla del buque y desde allí arrancan a derecha e izquierda, en dos ramas simétricas, formando como las costillas del casco. La definición que da el diccionario de esta palabra es: "La viga que se coloca en el punto de mayor anchura del casco".

Hay un marcado paralelismo entre esa pieza del barco y los individuos que se asocian con un ministerio apoyándolo económicamente. Por ejemplo, el propósito de la cuaderna de un barco es reforzar los mástiles. En el caso de un barco de navegación, los mástiles sostienen las velas y las jarcias, las cuales atrapan el viento que impulsa el barco en su curso.

De igual forma, los socios de un ministerio lo apoyan y fortalecen para que pueda atrapar el "viento" (del Espíritu Santo) y moverse por la tierra, extendiendo las buenas nuevas.

Así como las cuadernas (socios o colaboradores) son vitales para que el barco tenga un buen viaje por el mar, los socios ministeriales son vitales para el éxito de cualquier ministerio que busque llevar a cabo la Gran Comisión (véase, por ejemplo, Mateo 28:16–20). Los ministerios cristianos están tocando a multitud de naciones al aventurarse en fe a los cuatro extremos de la tierra. Dios ha afirmado la predicación de su Palabra con señales y maravillas (véase Hechos 14:31). La salvación y la sanidad han alcanzado a muchos, y los creyentes están siendo equipados para hacer la obra del reino.

> *Y él mismo constituyó a unos, apóstoles; a otros, profetas; a otros, evangelistas; a otros, pastores y maestros, a fin de perfeccionar a los santos para la obra del ministerio, para la edificación del cuerpo de Cristo.* (Efesios 4:11–12)

Sin el apoyo de nuestros socios, los que tenemos ministerios no podríamos llevar el evangelio hasta los confines de la tierra. Aunque no todos nuestros socios pueden viajar por el mundo con nosotros, ellos nos sostienen fielmente con sus oraciones y donativos.

Los socios heredan las mismas bendiciones

La palabra *socio* también significa "alguien que comparte: participante". Esta definición evoca la idea de un coheredero, que también es la forma en que usted y yo estamos relacionados con Jesucristo (véase Romanos 8:16–17.) En cuanto a la participación con otros ministerios, ser un

Las bendiciones pertenecientes a un ministerio les pertenecen también a sus socios, debido a su categoría de coherederos.

coheredero significa compartir la herencia, o los frutos, que le pertenecen al misionero o ministro (el heredero). Cada vez que el ministerio que usted apoya lleva la salvación a un alma, sana a alguna persona o entrena a otro ministro para extender el mensaje del evangelio por el mundo, se hace un ingreso eterno en su cuenta celestial, así como en las cuentas de los demás socios de ese ministerio. Las bendiciones pertenecientes a un ministerio les pertenecen también a sus socios, debido a su categoría de coherederos. Ellos también tienen parte en el derramamiento de las bendiciones de Dios.

Dios Padre quiere que nos apoyemos unos a otros mientras Él dirige nuestro "barco" (la iglesia) por los mares tormentosos hacia un puerto en calma. Él es nuestro capitán celestial, y cuando nosotros damos libremente de nuestros recursos y a nosotros mismos para sus propósitos, recibimos todo lo que necesitamos. Todos los integrantes del barco participan de las mismas recompensas eternas que tienen los "oficiales" del barco. Como socio de un ministerio de sanidad, por ejemplo, usted se convierte en parte de cada servicio de sanidad. Todo aquel que es sanado, salvado, entrenado o equipado para ministrar sanidad a otros queda anotado en su cuenta debido a su aportación.

Funciones de un socio

Cada creyente tiene un papel importante que desempeñar en el cuerpo de Cristo y la obra del reino. Cada uno de nosotros es una pieza clave del gran cuadro: el rompecabezas que se está armando para mostrar el plan perfecto de Dios para este mundo.

> *Además, el cuerpo no es un solo miembro, sino muchos. Si dijere el pie: Porque no soy mano, no soy del cuerpo, ¿por eso no será del cuerpo? Y si dijere la oreja: Porque no soy ojo, no soy del cuerpo, ¿por eso no será del cuerpo? Si todo el cuerpo fuese ojo, ¿dónde estaría el oído? Si todo fuese oído, ¿dónde estaría el olfato? Mas ahora Dios ha colocado los miembros cada uno de ellos en el cuerpo, como él quiso. Porque si todos fueran un solo miembro, ¿dónde estaría el cuerpo? Pero ahora son muchos los miembros, pero el cuerpo es uno solo. Ni el ojo puede decir a la mano: No te necesito, ni tampoco la cabeza a los pies: No tengo necesidad de vosotros.*
>
> (1 Corintios 12:14–21)

Aunque algunos socios quizá puedan embarcarse en viajes misioneros organizados por el ministerio que apoyan, otros ofrecen su ayuda entre bastidores, pero su papel no es menos importante.

Fieles oraciones

Las fieles oraciones de los socios permiten que el viento del Espíritu Santo "sople las velas" y propulse un ministerio hacia adelante para que miles sean salvos, sanados, liberados y capacitados. ¡Y las bendiciones que disfruta cada ministerio que da fruto se extienden también a sus socios!

Un elemento del poder de la asociación reside en el principio del acuerdo. Cuando las personas trabajan en acuerdo unas con otras, su fortaleza se multiplica, no sólo se añade. Amós 3:3 dice: *"¿Andarán dos juntos, si no estuvieren de acuerdo?"*.

El entusiasmo y el ánimo entre personas con metas comunes pueden producir milagros.

El desacuerdo separa, especialmente el desacuerdo con la Palabra de Dios, que es un acto de desobediencia que tiene como resultado destrucción y pérdida. Por el contrario, el acuerdo solidifica y une. El entusiasmo y el ánimo entre personas con metas comunes pueden producir milagros. El refuerzo positivo y la validación fortalecen y sostienen a toda la organización. Estar de acuerdo con Dios y su Palabra le lleva a las bendiciones de gozo, paz y amor.

Los socios que interceden por un ministerio creen lo que Jesús dijo en Mateo 18:19–20: *"Si dos de vosotros se pusieren de acuerdo en la tierra acerca de cualquiera cosa que pidieren, les será hecho por mi Padre que está en los cielos. Porque donde están dos o tres congregados en mi nombre, allí estoy yo en medio de ellos".*

Donativos generosos

Lo que usted da a un ministerio para su trabajo de avanzar el reino, Dios se lo devolverá multiplicado.

Dad, y se os dará; medida buena, apretada, remecida y rebosando darán en vuestro regazo; porque con la misma medida con que medís, os volverán a medir. (Lucas 6:38)

Hace varios años, una familia se ofreció como voluntaria para trabajar con mis padres, Charles y Frances Hunter, que tenían un ministerio de sanidad muy conocido. Dos hijas de esa familia se ofrecieron para cuidar de algunos niños pequeños mientras sus padres asistían a uno de los servicios de sanidad. Cuando esos padres fueron a recoger a sus hijos, bendijeron a las dos chicas con 2 dólares para cada una.

Sorprendidas, las chicas inmediatamente les llevaron el donativo a sus padres. Cuando les preguntaron qué querían hacer con esos inesperados donativos, las chicas acordaron dar todo el dinero a Dios. Sembraron esa pequeña cantidad en el ministerio de los Hunter.

Al día siguiente, una señora mayor se acercó a las chicas en la piscina del motel y les dijo: "No veo a mis nietos muy a menudo. Ustedes dos parecen unas niñas tan buenas que quiero darles algo". Sacó dos billetes de 20 dólares y les dio uno a cada una de las atónitas chicas.

Las chicas fueron corriendo por el pasillo para compartir su "milagro" con la familia. "¡Funciona! ¡Funciona!", exclamaban. "¡Dios multiplicó nuestros dos dólares!". Nunca han olvidado su primera experiencia de dar todo lo que tenían a un Padre amoroso y recibir sus bendiciones multiplicadas. Y a lo largo de los años han plantado sus semillas en buena tierra, una y otra vez.

Cada uno cosecha lo que siembra

Dios tiene una provisión especial para los que participan de un ministerio a través de la asociación. Su asociación con un ministerio producirá milagros; y repito, no sólo en las vidas de las multitudes que bendice el ministerio, ¡sino también en su propia vida!

Porque todo aquel que invocare el nombre del Señor, será salvo. ¿Cómo, pues, invocarán a aquel en el cual no han creído? ¿Y cómo creerán en aquel de quien no han oído? ¿Y cómo oirán sin haber quien les predique? ¿Y cómo predicarán si no fueren enviados?

Como está escrito: ¡Cuán hermosos son los pies de los que anuncian la paz, de los que anuncian buenas nuevas! (Romanos 10:13–15)

Como socio, usted se pone en una posición apta para recibir el desbordamiento del poder milagroso de Dios; recibe la unción del Espíritu Santo cuando es liberada a través de otros. En pocas palabras, usted cosecha lo que siembra.

Pero esto digo: El que siembra escasamente, también segará escasamente; y el que siembra generosamente, generosamente también segará.
(2 Corintios 9:6)

Siembre en la liberación de milagros financieros, espirituales y de sanidad para otros, y cosechará lo mismo. La semilla plantada en tierra fértil de ministerios fructíferos crece y produce una cosecha abundante a su debido tiempo. Quienes dan obedientemente reciben a cambio bendiciones indescriptibles.

Convirtiéndose en un socio

Puede que decida convertirse en socio de un ministerio en particular si ha tenido un impacto sobre su vida o simplemente porque desea ayudar a tocar las vidas de otros mientras edifica un ejército de creyentes equipados por todo el mundo. Cuando usted se asocia con un ministerio fructífero, puede alcanzar a innumerables personas con las buenas nuevas del evangelio y el poder sanador de Dios, con señales, prodigios y milagros.

No es que busque dádivas, sino que busco fruto que abunde en vuestra cuenta. Pero todo lo he recibido,

*y tengo abundancia; estoy lleno, habiendo recibido
de Epafrodito lo que enviasteis; olor fragante, sacrificio acepto, agradable a Dios. Mi Dios, pues, suplirá
todo lo que os falta conforme a sus riquezas en gloria en Cristo Jesús.* (Filipenses 4:17–19)

Una verdadera asociación o acuerdo es similar a un
pacto, como el pacto que hicieron David y Jonatán (véase
1 Samuel 18:1–4). Lo que le ocurre a uno le afecta al otro.
Cuando usted decide unirse a uno de los hijos de Dios, sea
un ministro, evangelista, pastor, cónyuge u otro creyente,
debe ser consciente de que sus actos y su conducta le afec-
tarán a usted. Use la sabiduría y el discernimiento antes de
unirse a alguien, para que ambos puedan disfrutar de las
bendiciones de Dios.

Principios de una asociación prudente

Cuando se visita otra iglesia o se asiste a un servicio
especial, muchas personas depositan una cantidad de dinero en el cesto de la ofrenda o bien por costumbre o por un
sentimiento de obligación. ¡No sea usted uno de ellos! Ese es
el momento de ejercitar la sabiduría y el discernimiento con
respecto a dónde debe plantar su valiosa semilla.

Plante su semilla en buena tierra

Siempre y dondequiera que dé, tiene que asegurarse de
plantar su semilla en buena tierra. Obtenga algo de información. No debería enviar a sus hijos a una escuela que
tenga una reputación de producir graduados escasamente
preparados. Usted querrá que sus hijos empleen sus años
escolares en una institución donde aprendan lo que tienen
que saber para tener éxito en la vida.

De igual forma, no compraría a propósito alimentos nutricionalmente deficientes para alimentar a su familia. Sus seres queridos no crecerían ni se desarrollarían bien, sino que probablemente se enfermarían y posiblemente morirían por malnutrición. Comprar o invertir en menos de lo mejor sería un mal gasto de ese dinero que tanto le costó ganar.

> **Confíe en la sabiduría de Dios y dé sus ofrendas a un ministerio que tenga el máximo efecto en el crecimiento de su reino.**

Sus donativos a Dios deberían seguir el mismo principio. ¡Siembre su semilla donde sabe que crecerá! Hay muchos ministerios fructíferos y misioneros que necesitan apoyo económico. Investigar sus declaraciones de fe o el trabajo que están haciendo no es difícil, ya que la mayoría de ellos tienen páginas web o blogs en la Internet y/o publican boletines o revistas. También puede considerar pedir ver su impreso 990, si lo tienen, o simplemente pedir una copia de su informe económico. Vea cuál es su ofrenda a las misiones. Pregunte por sus objetivos y lo que han planeado. Confíe en la sabiduría de Dios y dé sus ofrendas a un ministerio que tenga el máximo efecto en el crecimiento de su reino.

Si ha estado depositando semillas en una iglesia o ministerio donde no está ocurriendo nada, ha plantado sus finanzas en lo que yo llamo un "terreno muerto". Habrá una "cosecha fallida" porque su semilla no crecerá ni prosperará en esa tierra.

Probablemente no arrojaría su semilla en un terreno pedregoso, donde no crece casi nada. Sería imposible conseguir ahí una cosecha. El mismo principio se aplica a sus diezmos y ofrendas. Pregunte a Dios dónde quiere Él que usted plante su semilla. Él sabe dónde está el terreno mejor fertilizado, y sabe dónde la semilla se multiplicará para ser una cosecha abundante.

Elija su iglesia base en oración

¿Está seguro, completamente seguro, de que la iglesia a la que asiste regularmente es donde Dios le quiere? ¿Ministra a su corazón la predicación de la Palabra? ¿Habla el pastor como si hubiera "leído sus correos"? En otras palabras, ¿se relaciona el mensaje con los asuntos que usted le ha estado pidiendo a Dios últimamente? ¿Se siente atraído a la iglesia de forma regular para alimentarse espiritualmente, para recibir oración y para encontrar paz? ¿Hay un lugar donde puede usted servir y compartir el amor de Dios y la Palabra? ¿Le emociona ir a esa casa del Señor en particular?

No escoja una iglesia porque está cerca de donde usted vive o porque su familia ha asistido a ese lugar durante varias generaciones. A veces Dios mueve a sus "hijos" a lugares nuevos. La vida no tiene por qué estancarse. Así como su vida espiritual cambia a medida que crece de bebé cristiano a siervo maduro del Señor, su iglesia también puede cambiar. Puede que un pastor le inicie en su caminar cristiano, otro le anime durante sus años "de adolescencia" y luego otro le desafíe a "graduarse" en las cosas más profundas que Dios quiere que usted aprenda y experimente.

Por tanto, hágase estas preguntas con respecto a la iglesia a la que asiste o está considerando asistir: ¿Hay personas que están recibiendo la salvación? ¿Están siendo liberados? ¿Son sanados los enfermos? ¿Hay un crecimiento obvio en la iglesia y entre la gente que asiste regularmente? ¿Ministra la iglesia a grupos de todas las edades? ¿Hay gozo, amor y paz? ¿Están funcionando los dones del Espíritu? ¿Existen misioneros a los que la iglesia apoya generosamente?

En nuestra iglesia, por ejemplo, vemos a personas sanadas cada semana. Ministramos a miles de personas al día en nuestras reuniones y a través de libros, material de enseñanza y correo electrónico. ¡Dios está haciendo cosas increíbles! La oficina recibe todos los días varios testimonios.

Hace unos años, una señora llamada Lucy vino a verme a Portersville, California. Le habían diagnosticado una fase IV de cáncer de pulmón y no tenía muchas esperanzas de vida. Impuse mis manos sobre ella, maldije el cáncer y pedí que recibiera unos pulmones nuevos en su cuerpo.

Ella regresó a su doctor dos semanas después. El doctor le hizo una radiografía, la examinó detenidamente y se acercó a ella con una mirada de desconcierto en su rostro. Dijo: "No sé lo que ha hecho, ¡pero tiene unos pulmones nuevos!". Fue emocionante verla el año siguiente, totalmente sanada. ¡Gloria a Dios!

Cuando usted da su semilla a una iglesia o ministerio donde se producen milagros, puede esperar ver milagros en sus finanzas y también en su ministerio personal. Tendrá parte en la unción de ese ministerio. Por el contrario, dé a una iglesia que no está haciendo nada que verdaderamente tenga un valor real, y su semilla morirá de hambre. Esa iglesia recibirá su semilla y la usará, pero la semilla no se reproducirá espiritualmente. Habrá malgastado usted el dinero que tanto le costó ganar, y quizá sienta que la iglesia le ha "quitado" sus finanzas.

Encuentre una iglesia viva que esté trabajando de forma activa para extender la Palabra de Dios y alcanzar a otros con el mensaje de salvación.

Evalúe las organizaciones benéficas

Muchas personas dan donativos económicos a varias organizaciones benéficas y sin ánimo de lucro. Si está pensando en hacer eso o ya tiene el hábito de hacerlo, simplemente le pido que tenga la precaución de orar al respecto. Asegúrese de que Dios le dice dónde plantar su semilla. Investigue un poco, escuche y dé la cantidad que Dios le diga que dé, dónde y cuándo.

De forma ocasional, puede que el Señor le guíe a dar una cantidad de dinero que quizá le parezca desorbitante a una iglesia, ministerio u organización benéfica que cumpla las condiciones antes mencionadas y acerca de la cual usted sienta paz. En esos casos, sepa que sólo Él le podría pedir algo así. Satanás nunca le pedirá que apoye a un ministerio cristiano o que se posicione usted en un lugar donde vaya a recibir una maravillosa bendición de

> **Cuando Dios le pide que haga algo extraordinario, es porque quiere darle un milagro increíble como respuesta a su obediencia.**

Dios. Cuando Dios le pide que haga algo extraordinario, es porque quiere darle un milagro increíble como respuesta a su obediencia.

Cuando Dios le dice que dé ofrendas o limosnas a los pobres, puede estar seguro de que Él derribará cualquier obstáculo que impida su prosperidad económica. Él siempre suple la provisión necesaria para terminar lo que ha planeado. Si Él le dice que plante algo especial, es porque tiene algo especial planeado para usted. Su semilla preparará el terreno para una cosecha sin precedentes.

Nunca menosprecie el impacto de su donativo

Dios está derramando sus bendiciones sobre nosotros. Mientras escribo este libro, la propiedad en la que está ubicado nuestro ministerio está cubierta de un precioso césped que se usa para alimentar a algunas vacas hambrientas. Pronto, esa tierra tendrá edificios que albergarán personas espiritualmente hambrientas a las que Dios habrá llamado a alimentarse, nutrirse, entrenarse y ser enviados a los cuatro extremos de la tierra para ministrar a los enfermos, los hambrientos y los perdidos.

Tenemos una gran visión. No queremos un pequeño edificio en una esquina desde donde alimentar a unas cuantas personas. Queremos instalaciones que nos permitan ministrar, alimentar espiritualmente y entrenar a cientos de personas habitualmente. La vida parece moverse a un paso cada vez más rápido a medida que nos acercamos a los últimos tiempos. En estos días, necesitamos todas las personas posibles ministrando de forma activa a los perdidos. Tenemos que optimizar nuestros esfuerzos y nuestras ofrendas. Nuestro ministerio cree en la multiplicación, no sólo en la suma.

Pero a la vez, con frecuencia tenemos que hacer las cosas paso a paso, de uno en uno. Todo comienza con una simple semilla plantada en fe. Cada acción produce una reacción, no importa lo pequeña que sea. Acuérdese de la imagen de una piedra que ha sido arrojada a un estanque de agua. Una simple acción como esa produce efectos duraderos. Imagínese lo que una ofrenda puede hacer y lo lejos que llegará en el mundo de Dios. La unción que hay sobre su don puede llevarle a recorrer el mundo entero y regresar, tocando a millones de personas. ¿Qué puede impedir que la unción regrese a usted?

Póngase de acuerdo y asóciese con los que están aferrados de las promesas de Dios de prosperidad para que pueda usted disfrutar de su abundancia y éxito. ¡Dé la bienvenida a su Palabra y sus promesas!

En el caso de que aún no haya leído el final del Libro, ¡Dios gana! Y como coherederos con Jesús, como socios con Él en el plan de Dios para redimir al mundo, compartimos su victoria.

Capítulo 6

La cosecha de la obediencia

Y comerás y te saciarás, y bendecirás a Jehová tu Dios por la buena tierra que te habrá dado. Cuídate de no olvidarte de Jehová tu Dios, para cumplir sus mandamientos, sus decretos y sus estatutos que yo te ordeno hoy; no suceda que comas y te sacies, y edifiques buenas casas en que habites, y tus vacas y tus ovejas se aumenten, y la plata y el oro se te multipliquen, y todo lo que tuvieres se aumente; y se enorgullezca tu corazón, y te olvides de Jehová tu Dios... y digas en tu corazón: Mi poder y la fuerza de mi mano me han traído esta riqueza. Sino acuérdate de Jehová tu Dios, porque él te da el poder para hacer las riquezas, a fin de confirmar su pacto que juró a tus padres, como en este día... porque Jehová te bendecirá con abundancia en la tierra que Jehová tu Dios te da por heredad para que la tomes en posesión, si escuchares fielmente la voz de Jehová tu Dios, para guardar y cumplir todos estos mandamientos que yo te ordeno hoy.
—Deuteronomio 8:10–14, 17–18; 15:4–5

No importa cómo se sienta, no importa cuánto dinero tenga en su cuenta bancaria, Dios le bendice cuando usted le obedece, especialmente en lo que a sus finanzas se refiere. En el libro de Deuteronomio, Dios le dio a su pueblo una letanía de instrucciones. Exploramos las instrucciones relacionadas con las finanzas en el capítulo 4 de este libro. Aunque Dios recompensa nuestra generosidad con bendiciones económicas, su bondad se extiende y alcanza todas las áreas de nuestra vida: nuestra salud, nuestras relaciones, nuestras carreras, y muchas otras.

Las bendiciones de la obediencia

Más adelante en Deuteronomio, en el capítulo 28, el Señor describe las bendiciones que usted recibirá: *"...si oyeres atentamente la voz de Jehová tu Dios"* (versículo 1). El versículo 2 sigue diciendo: *"Y vendrán sobre ti todas estas bendiciones, y te alcanzarán".*

En otras palabras, usted no tiene que "tener suerte" para experimentar cosas buenas en su vida. Las bendiciones son una garantía para todos los que *"guardaren los mandamientos de Jehová tu Dios, y anduvieren en sus caminos"* (versículo 9).

Veamos una ocasión en que la obediencia a Dios terminó en una cosecha abundante. Jesús estaba ministrando junto al mar, cuando...

[Jesús] *le dijo a Simón: Boga mar adentro, y echad vuestras redes para pescar. Respondiendo Simón, le dijo: Maestro, toda la noche hemos estado trabajando, y nada hemos pescado; mas en tu palabra echaré la red. Y habiéndolo hecho, encerraron gran cantidad de peces, y su red se rompía. Entonces hicieron señas a los compañeros que estaban en la otra barca, para que viniesen a ayudarles; y vinieron, y llenaron ambas barcas, de tal manera que se hundían. Viendo esto Simón Pedro, cayó de rodillas ante Jesús, diciendo: Apártate de mí, Señor, porque soy hombre pecador. Porque por la pesca que habían hecho, el temor se había apoderado de él, y de todos los que estaban con él.* (Lucas 5:4–9)

Debido a que Simón Pedro obedeció las palabras de Jesús, recibió una cosecha más grande que lo que él y sus compañeros de pesca podían recoger. Lo mismo ocurrirá con nosotros cuando demos obedientemente en acción de gracias a nuestra Fuente y Sustento: seremos bendecidos sin medida.

Cuando usted obedece a Dios, Él le promete lo siguiente:

- Él le pondrá por encima de todas las naciones de la tierra y le dará favor para distinguirle de otros. (Véase Deuteronomio 28:1).

- Será bendito en la ciudad y en el campo, tanto para producir como para vender sus bienes. El *"fruto de tu vientre"* (sus hijos) también será bendito y, por tanto, le reportará bendiciones, ya que ellos continúan la obra que Dios le ha dado a usted. Es más, será bendito con el producto de su tierra, el aumento de sus bestias, el fruto de sus vacas y el rebaño de sus ovejas, su canasta, y su artesa de amasar. En otras palabras, tendrá éxito en todo lo que haga. (Véase versículos 3–5, 11).

- Será bendito cuando salga y cuando entre, sin importar dónde. (Véase versículo 6).

- Todos sus enemigos serán derrotados. ¡Usted ganará! (Véase versículo 7).

- Sus graneros serán benditos. Esta promesa se aplica a todos sus recursos e inversiones, los cuales aumentarán su valor. (Véase Deuteronomio 28:8).

- Será establecido como santo para Dios, y las naciones le temerán. El mundo sabrá que usted le pertenece a Dios y que la única forma en que ellos pueden tener éxito es bendiciéndole a usted. (Véase versículos 9–10).

- Las ventanas del cielo se abrirán y darán lluvia para su tierra a su tiempo. Dios bendecirá toda obra de sus manos, aumentará su empresa y sus recursos, y proveerá para usted en los momentos en que más lo necesite. (Véase versículo 12).

- Prestará y no pedirá prestado; será cabeza y no cola, estará encima y no debajo. Esta promesa le asegura prosperidad, bendiciones en el trabajo, no caer nunca en la deuda, liderazgo en su industria y un estado de aumento continuo. (Véase versículo 13).

Interiorizando las bendiciones

La provisión y protección de Dios entran en su vida como respuesta a su obediencia. Cuando obedece al diezmar, Él abre las ventanas de los cielos (véase Malaquías 3:10), para que sus bendiciones recaigan directamente sobre usted. ¿Obedecer en qué?, se preguntará usted. Es más sencillo de lo que pudiera pensar: diezme, aunque hacerlo pudiera parecer "desaconsejable" a ojos del mundo.

Hace años, cuando mi familia estaba hecha pedazos y lo habíamos perdido todo, visité a mi contable. Él revisó mis finanzas cuidadosamente, se dirigió a mí y me dijo: "Tienes que dejar de diezmar y dar todas esas ofrendas. También deberías ir planificando cómo afrontar la bancarrota".

Yo dije: "Muchas gracias", y salí de su oficina. Inmediatamente descarté esas palabras negativas y contraté a un nuevo contable que siguiera la Palabra de Dios. Al seguir dando fielmente, Dios suplió todas mis necesidades.

Mi hija recibe entregas sobrenaturales

Cuando mi hija necesitaba un automóvil, oró con su esposo al respecto. Como iba a la escuela, su presupuesto dependía totalmente de sus ingresos. Para poder recortar, propuso esto: "Podríamos disminuir nuestro donativo a las misiones".

Él inmediatamente respondió: "Recortaremos nuestro presupuesto de la comida antes que dejar nuestro donativo a las misiones". Ella estuvo de acuerdo.

Dos días después, recibieron un cheque en el correo por la cantidad de mil dólares. "Sorpresas" como esta se convirtieron en algo regular y terminaron siendo un empuje significativo para sus ingresos mientras ella terminaba su educación. Permanecieron fieles en sus donativos, y Dios bendijo a mi hija con un automóvil.

Después, su nuevo bebé necesitaba pañales, y en vez de que su papá consiguiera un segundo trabajo, Dios suplió. Aparecían en la puerta de su casa paquetes y paquetes de pañales. Tuvieron pañales suficientes mientras necesitaron usarlos, ¡así como para sus hermanas cuando llegaron! Realmente Dios *es poderoso para hacer todas las cosas mucho más abundantemente de lo que pedimos o entendemos* (Efesios 3:20).

Si mi hija y mi yerno hubieran recortado su aportación a las misiones, ese cheque probablemente nunca habría llegado en el correo, ¡ni tampoco las demás bendiciones!

Un desastre natural provoca bendiciones sobrenaturales

Después del terremoto en enero de 2010 en Haití, viajé a la capital, Puerto Príncipe. La tasa de desempleo estaba cercana al 90 por ciento. El terremoto había dejado huérfanos a 500,000 niños, había matado a 230,000 y herido a 300,000 personas. Se habían destruido unos 300,000 edificios, incluyendo la mayoría de los edificios gubernamentales. Sólo en la capital, más de un millón de personas vivían en tiendas levantadas sobre los escombros en las medianas entre las grandes avenidas.

Las condiciones de salubridad dependían de baños portátiles que habían aportado las Naciones Unidas. Las reservas de aguas subterráneas estaban contaminadas, así que la única manera de beber agua era embotellada. Haití estaba, y sigue estando, en una situación desesperada. Pero ¡gloria a Dios!, pude realizar dos días de entrenamiento pastoral y tres servicios masivos de sanidad. Una tarde, subrayé la importancia de diezmar, aunque previamente el pastor y yo habíamos acordado no recoger ninguna ofrenda durante el viaje.

Pero Dios tenía otros planes. Durante mi mensaje, alguien pasó al frente y puso unas cuantas monedas en la plataforma. Otra persona hizo lo mismo. Cada vez más personas pasaron al frente para poner unas cuantas monedas en el escenario. Aunque la mayoría de esas personas sólo tenían unas pocas monedas para vivir, creyeron en la Palabra de Dios y quisieron dar de lo que tenían.

¡Y Dios respondió! En los días sucesivos, algunas de esas personas fieles recibieron ofertas de trabajo. Un hombre recibió una llamada de teléfono concerniente a una plaza de maestro para una universidad. Durante las semanas siguientes, recibimos numerosos testimonio de sanidades y ocasiones en las que Dios había provisto económicamente para aquellas personas que habían obedecido su Palabra.

Un cambio radical en Ucrania

Hace unos cuantos años, mis padres, Charles y Frances Hunter, dirigieron una escuela de sanidad en Ucrania cuando esa nación estaba experimentando una gran recesión económica. La mayoría de las personas que asistían a las clases eran bastante pobres.

Mis padres enseñaron sobre la importancia de los diezmos y las ofrendas en relación con la liberación de las bendiciones económicas de Dios. La gente respondió con entusiasmo. Cuando mamá y papá regresaron a Ucrania un año después, el equipo llevó toda la ropa que pudo para dársela a los pobres.

Cuando llegaron a la iglesia, se quedaron sorprendidos por la transformación en la gente. La mayoría de los ucranianos estaban mejor vestidos que los miembros del equipo americano, y muchos de estos miembros de equipo se llevaron de nuevo la "ropa para dar" con ellos. Un gran número de ucranianos conducían sus propios automóviles. Por supuesto, mamá y papá quisieron saber cuál había sido la causa del cambio tan drástico en la vida de aquellas personas.

Descubrieron que las personas habían respondido a la enseñanza del año anterior diezmando fielmente y dando ofrendas, y así, al comenzar esta disciplina, Dios comenzó a bendecirles con prosperidad. La gente de esa iglesia había experimentado una drástica transformación financiera en tan solo un año, ¡gracias a su obediencia a la Palabra de Dios!

Las maldiciones de la desobediencia

Así como hay bendiciones cuando obedecemos a Dios, también hay consecuencias negativas cuando desobedecemos.

Estas consecuencias no deben tomarse a la ligera o ignorarse.

Malaquías 3:10 nos habla del hecho de que diezmar abre las ventanas del cielo. ¿Alguna vez se ha preguntado qué ocurre si no diezma? Cuando desobedecemos, ocurre justamente lo contrario. Desobedecer a Dios cierra las ventanas del cielo. Rebelarse contra la dirección de Dios las bloquea con llave.

Deuteronomio 28:15–68 nos advierte de las consecuencias concretas de la desobediencia: ¡cincuenta y cuatro versículos de maldiciones! Para cada bendición de la obediencia, existe la correspondiente maldición de la desobediencia.

Si desobedece a Dios, las siguientes maldiciones podrían venir sobre usted y alcanzarle:

- Maldición, confusión y reprensión en todo lo que haga hasta que sea destruido y perezca rápidamente. (Véase Deuteronomio 28:20).

- La plaga se pegará a usted hasta que le haya consumido, y no entrará en su "tierra prometida" (por ejemplo, ni alcanzará ni disfrutará de los planes de Dios para su vida). (Véase versículos 21–22).

- La tierra y el cielo no le serán propicios para cualquier trabajo que se disponga a hacer (por ej., el éxito le resultará extremadamente difícil de alcanzar); trabajará muy duro pero obtendrá poco beneficio. (Véase versículos 23, 37–40, 42).

- Todo aquello que podría haber sido una bendición, como la lluvia para sus campos, se convertirá en una maldición y actuará en contra de usted. (Véase versículo 24).

- Sus enemigos le derrotarán. (Véase versículo 25).

- Desarrollará úlceras incurables, tumores, sarna, picores y semejantes. (Véase versículos 27, 35, 59–61).

- Experimentará locura, ceguera y confusión de corazón. (Véase versículo 28).

- No prosperará, y otros se aprovecharán de usted y le robarán. (Véase versículo 29).

- Su cónyuge se irá con otro, y otros disfrutarán del fruto de su trabajo. (Véase versículos 30–33, 41, 51).

- Otros se levantarán muy por encima de usted mientras usted se hunde cada vez más. (Véase versículo 43).

- Pedirá prestado y no prestará; será por cola y no por cabeza. (Véase versículo 44).

- Servirá a sus enemigos, y ellos le tratarán brutalmente; sufrirá hambre, sed y desnudez; necesitará de todo. (Véase versículo 48).

- Oposición, falta de respeto, deshonra y destrucción total vendrán sobre usted. (Véase versículos 49–57).

- Habrá plagas extraordinarias y graves enfermedades prolongadas para usted y la siguiente generación. (Véase versículos 59–61).

- Tendrá carencia y disminución por doquier. (Véase versículo 62).

- Será reducido a la nada y arrancado de la tierra. (Véase versículo 63).

- Servirá a otros dioses. (Véase versículos 36, 64).

- No encontrará lugar de descanso y sufrirá de un corazón temeroso, desfallecimiento de ojos y angustia de alma. (Véase versículo 65).

- Experimentará un terror constante, angustia y descontento. (Véase versículos 66–67).

Quizá se pregunte por qué he escogido enumerar algunas de las maldiciones de Deuteronomio 28. En definitiva, el pasaje de las "maldiciones" no es el tipo de pasaje que podemos encontrar en un devocional. Nadie lo seleccionaría para leerlo y meditar en ello al comenzar el día. Sin embargo, es importante saber lo que dice la Palabra de Dios con respecto a nuestra obediencia, tanto lo bueno como lo malo.

Quizá nunca se había dado cuenta de que dejar de diezmar es un acto de rebeldía, y a la vez es la decisión de hacer lo opuesto a lo que Dios nos ha mandado hacer. Es lo mismo que cuando su hijo no obedece su petición de que haga su cama. Desgraciadamente, las consecuencias por no diezmar son mucho más severas.

Cuando usted retiene sus diezmos y ofrendas, su vida se desajusta, y quizá sufra una pérdida de dinero por otro lado; por ejemplo, su automóvil quizá se estropee en un accidente y necesite una costosa reparación, o quizá sea víctima de un robo.

> **Si camina en obediencia a Dios y escucha al Espíritu Santo, las maldiciones expuestas en Deuteronomio 28 no vendrán sobre usted.**

Mantenga su enfoque en Dios y haga que las prioridades de Él sean también las suyas. Diezme de las "primicias" de su aumento, y Él suplirá todas sus necesidades. Si camina en obediencia a Dios y escucha al Espíritu Santo, las maldiciones expuestas en Deuteronomio 28 no vendrán sobre usted. Quedarán anuladas y huecas. La Biblia dice varias veces que si escucha y obedece lo que Dios ha ordenado, la enfermedad y la destrucción no vendrán sobre usted.

Guarda, por tanto, los mandamientos, estatutos y decretos que yo te mando hoy que cumplas. Y por haber oído estos decretos y haberlos guardado y puesto por obra, Jehová tu Dios guardará contigo el pacto y la misericordia que juró a tus padres. Y te amará, te bendecirá y te multiplicará... Y quitará Jehová de ti toda enfermedad; y todas las malas plagas de Egipto, que tú conoces, no las pondrá sobre ti, antes las pondrá sobre todos los que te aborrecieren. (Deuteronomio 7:11–13, 15)

Obedezca los impulsos divinos

El Espíritu Santo es el que le hablará sobre el dar. Él es quien inquieta su espíritu y hace que su corazón se acelere un poquito. Él es su Guía sobrenatural para los pasos naturales que da en la vida, incluyendo dónde poner sus finanzas. El Espíritu Santo usará codazos divinos para incitarle a apoyar a ciertas organizaciones misioneras, viajes evangelísticos y ministerios que necesitan apoyo.

Él habla a cada persona como Él quiere. Ya sea que esté sentado en la iglesia o comiendo con unos amigos, Él puede hablarle, ya que no está limitado por su entorno o sus conversaciones a menos que usted no le haya dado la bienvenida a su vida. Cuando Él le habla con una voz calmada y tranquila, diciéndole lo que tiene que dar o cómo ayudar, después le toca a usted obedecer. Siga sus instrucciones, y Él seguirá guiándole porque sabe que es un siervo en el que puede confiar.

Claves para liberar su bendición

Las bendiciones del reino de Dios no vienen sobre todas las personas. Hay claves que le mostrarán cómo alinearse con los propósitos de Dios para que pueda liberar las bendiciones de Deuteronomio 28 en su vida (y evitar también las maldiciones).

Estas son las claves más importantes que he descubierto:

Primera clave: Arrepentimiento

Arrepiéntase de cualquier gasto poco sabio. Arrepiéntase de las veces en que ha dejado de diezmar. Arrepiéntase de las ocasiones en que no quiso dar una ofrenda en obediencia a la dirección de Dios. Confiese que ha retenido sus diezmos y ofrendas por falta de fe.

Luego, comience a dar en fe, basado en lo que el Espíritu Santo le ha dicho, no en base a una respuesta emocional o la culpabilidad. Aunque crea que no puede permitirse dar nada, Dios le dirá cuánto dar porque Él quiere bendecirle. Después, cuando la bendición comience a ser derramada sobre su vida, sabrá que proviene de Él.

Repita esta oración en voz alta:

Padre, me arrepiento de todo gasto poco sabio. Confieso que he dejado de diezmar en ocasiones, y me arrepiento también por ello. Me arrepiento de cualquier ocasión en que no obedecí tu voz cuando me sugeriste que diera una ofrenda. Reconozco esas ocasiones de desobediencia como pecado y te pido que quites de mí ese pecado ahora y lo pongas en la cruz de Jesucristo, para que nunca más recaiga sobre mí. Padre, ayúdame a partir de este día en adelante a tener cuidado de cómo gasto mi dinero y a ser fiel con los diezmos y ofrendas que tú me dices que dé. En el nombre de Jesús, amén.

Segunda clave: No transigir

Si el Espíritu Santo le muestra que debe dar 100 dólares, y usted da 25 con la promesa mental de enviar los 75 restantes después, acaba de ser transigente. Con esta acción aparentemente simple, ha invitado a que la maldición de la desobediencia venga a su vida.

Además, si el Espíritu Santo pone en su corazón dar 25 dólares, y usted decide dar 100, sigue siendo desobediencia. Usted es oveja de Jesús, y conoce su voz (véase Juan 10:3–4, 16, 27). Así, al margen de lo que Él le diga (cuánto dar, dónde servir, o cómo ayudar), su respuesta siempre debería ser una total obediencia.

Tercera clave: Obedecer sin retraso

No es extraño que los creyentes oren y pidan que Dios arregle rápidamente una situación dada. Oran con osadía, pidiéndole que actúe en su favor, y esperan que sus "montes" desaparezcan de inmediato. Aunque su Palabra nos dice: *"Pedid, y se os dará; buscad, y hallaréis; llamad, y se os abrirá"* (Mateo 7:7), no hay garantía de que los resultados lleguen de manera instantánea. Sin embargo, ¡muchos creyentes tienen la audacia de ser impacientes con Dios!

Permítame hacerle algunas preguntas. ¿Con qué rapidez responde usted cuando Dios le pide que haga algo? ¿Con qué rapidez escucha usted la quieta y dulce voz del Espíritu Santo? ¿Con qué frecuencia obedece completamente a la primera? ¿Cuánto tiempo normalmente tiene que esperar Dios para que usted le obedezca?

Los que son padres conocen la importancia de obedecer de inmediato. Cuando un padre les dice a sus hijos que recojan sus juguetes, hagan sus camas o terminen sus tareas, espera que ellos obedezcan de inmediato (o en breves instantes). Si los hijos se retrasan en cumplir con la petición de su padre, se convierte en algo muy frustrante para él. ¿Qué le hace pensar que con su Padre celestial sea diferente?

Cuando Dios le pide a usted, su hijo, que haga algo, espera que usted responda obedeciendo sus instrucciones a la primera, sin protestar ni refunfuñar. A Él no le gustan las quejas y pataletas de sus hijos más de lo que les gustan a los padres terrenales.

Dios nunca le pedirá que haga algo a menos que sea para bendecirle a usted y a otros.

Recuerde que Él es su Padre celestial, que sólo quiere lo mejor para usted. Él nunca le pedirá que haga algo a menos que sea para bendecirle a usted y a otros.

Toda buena dádiva y todo don perfecto desciende de lo alto, del Padre de las luces, en el cual no hay mudanza, ni sombra de variación. (Santiago 1:17)

Cuando usted camina en total obediencia, está habitando en la perfecta voluntad de Dios. Es imposible hacer lo que Dios le ha llamado a hacer a menos que le obedezca. Ahora que sabe lo importante que es la obediencia, debe hacer su mejor esfuerzo por llevar a cabo todo lo que Dios le pide.

¿Es siempre fácil ser obediente? No. A veces, simplemente tiene que actuar en fe para hacer las cosas como Dios quiere. Comience con pequeños pasos, y su caminar en obediencia cada vez le resultará más natural.

La desobediencia es el cerrojo de las ventanas de los cielos. Practique la obediencia para que Dios pueda abrirlas de par en par y derramar sobre usted sus bendiciones.

Preguntas y respuestas sobre diezmos, ofrendas y limosnas

A veces recibo correos electrónicos con preguntas concretas sobre los diezmos, ofrendas y limosnas. Al intentar obedecer al Señor con sus finanzas, quizá tenga preguntas similares acerca de algunos detalles sobre estas áreas. Por tanto, he incluido aquí las preguntas más representativas, así como mis respuestas, para aclarar mejor estos conceptos y sus implicaciones.

"En el Antiguo Testamento, los hambrientos y los sacerdotes se beneficiaban de la comida diezmada. Entiendo que las iglesias necesitan dinero. ¿Cuáles son algunas otras ocasiones en las que damos que se pudieran considerar diezmos?".

—P. R.

Mi respuesta: "Algunas personas diezman de sus cosechas. Un granjero en nuestra iglesia en Dallas hacía esto. Siempre diezmaba su primera cosecha al ministerio. Obviamente, no llevaba los camiones de trigo o de maíz a la iglesia, pero vendía el producto y donaba su ganancia a la obra del ministerio como su diezmo".

"Digamos que usted es electricista, y la iglesia le contrata para hacer un trabajo, pero usted no acepta el pago por sus servicio. ¿Se considera eso plantar una semilla? Y una donación de tiempo y servicio ¿se considera diezmo u ofrenda, o plantar una semilla siempre conlleva dinero?".

—J. S.

Mi respuesta: "Es bueno para todos dar de nuestro tiempo y talentos a la iglesia o a algún ministerio específico. Las personas que no tienen mucho dinero que dar pueden diezmar su tiempo o sus talentos para suplir las necesidades del pueblo de Dios. Dios bendecirá esos donativos con su generosidad habitual. Puede sembrar o dar algo: tiempo, oración, comida e incluso consejo".

"¿Cómo tomamos una decisión en cuanto a dónde diezmar, y cuánto es lo correcto? ¿Hay un mínimo?".

—K. L.

Mi respuesta: "El diezmo mínimo es el 10 por ciento de sus ingresos, pero si lo diezma de sus ingresos brutos o netos usted lo decide. Yo siempre diezmo en base al ingreso en bruto, antes de que me quiten los impuestos o deducciones. Escuche la dirección de Dios y diezme en consonancia.

"Muchas personas creen que el diezmo tiene que ir a la iglesia local. Yo creo que el diezmo tiene que ir donde Dios le diga que vaya. A menudo es la iglesia local, pero en alguna ocasión quizá Él le dirija a hacer algo diferente. Quizá le pida que dé su diezmo donde usted recibe su alimento espiritual. ¿Quién es su cobertura espiritual? ¿A quién acude cuando necesita a alguien que se ponga de acuerdo con usted en oración? ¿Dónde acude para hacer consultas espirituales, o recibir mentoría o consejo?".

"¿Se considera como diezmo dar comida cuando alguien está hambriento?".

—M. W.

Mi respuesta: "No, a menos que no tenga nada más que dar. Dar comida se considera limosna. Permítame explicarle un vivo ejemplo de limosnas: Recuerdo una historia que me contó Evelyn Roberts, la esposa del evangelista Oral Roberts. Cierta mujer le había enviado algo de queso que había recibido del banco de alimentos del gobierno. Evelyn aceptó el queso y lloró. Quería devolvérselo, pero Dios le dijo: 'Este queso era todo lo que ella tenía para dar'. Evelyn oró por el queso y le pidió a Dios que bendijera a la señora por dar de forma tan sacrificial".

"Actualmente estoy involucrado en la iglesia local. Tenemos una nueva pastora, y después de un año, cada vez estoy más convencido de que no estoy muy de acuerdo con su enseñanza. Me da la impresión de que ella no cree que la Biblia fuera realmente inspirada por Dios o que los milagros de la Biblia no fueran sino unas malas condiciones atmosféricas junto al intento del hombre de explicarlo. Dudo de que incluso crea que Satanás existe.

"Veo que cada vez voy menos a la iglesia, lo cual significa que también pongo menos dinero en el canasto de la ofrenda, lo cual siempre pensé que era diezmar. Nunca he diezmado con regularidad y ha sido en este último año cuando decidí que quería hacerlo, pero no estoy muy emocionado con mi iglesia. Me siento culpable de no dar aquí porque es un edificio antiguo que necesita un tejado nuevo.

"Mi iglesia necesita todas las ofrendas y diezmos que podamos dar para reparar el edificio. Me encanta la gente que asiste a la iglesia y no quiero perder esas amistades. ¿Qué debería hacer? El edificio sólo durará más que el pastor si se hacen las reparaciones pertinentes".

—D. C.

Mi respuesta: "Dé como el Señor le muestre. Él quiere que dé en fe y en obediencia, no porque se sienta culpable u obligado. Un ministro puede rogar y suplicar que la gente dé para un proyecto o para otro. Escuche la voz de Dios, no la de los hombres".

"He recibido una gran suma de dinero y siento que debo diezmar, ¿pero dónde? ¿Cómo decido dónde sembrar mi dinero? El último año, un nuevo pastor pidió dinero para un servicio de sanidad. Dijo que necesitaba 100 dólares. Fue la mayor suma de dinero que jamás había dado de una sola vez. Fue maravilloso dárselo para ese propósito.

"Dos semanas después el pastor murió, y el servicio siguió adelante sin él. Nunca supe si el dinero se llegó a usar para el servicio. ¿Es esto un ejemplo de malgastar el diezmo? No tuve una palabra clara de Dios cuando lo di, ni tampoco esperaba tenerla. Tan solo oré y le pedí a Dios que lo usara".

—H. B.

Mi respuesta: "Recuerde que usted se lo dio a Dios. No importa lo que la persona hiciera o no hiciera con él, usted se lo dio a Él. Tiene que confiar en que Dios usó su dinero como Él quería y le bendecirá a usted por ello. Usted sintió que el Espíritu Santo le movía a dar, y actuó en obediencia".

"¿Qué se hace cuando uno no ha oído la voz de Dios y pasa la canasta de la ofrenda por delante?".

—J. T.

Mi respuesta: "Dios le dice qué, dónde y cuándo dar cuando usted es sensible a su voz".

Para que se puedan abrir las ventanas de los cielos y se activen las bendiciones de Dios, lo único que necesita hacer es dar. Dé algo a Dios. Ejercite su fe en sus promesas. Dé a la iglesia local que le está alimentando. Dé al ministerio que tenga "buena tierra". Dé donde Dios le diga que plante su semilla. ¡Practique la obediencia y coseche sus bendiciones!

Haga esta oración en voz alta:

Padre, confieso que no siempre te he obedecido dando mis diezmos, ofrendas y limosnas, y me arrepiento por ello. Sabes cuál es mi necesidad, incluso mejor que yo. También sabes mejor que el diablo lo que yo haré con las bendiciones que derramarás sobre mí como recompensa por mi obediencia.

Padre, por favor, dime cuánto dar y dónde. Sé que te ocuparás de todas mis preocupaciones y bendecirás cada rincón de mi vida. En el nombre de Jesús, amén.

Capítulo 7

La provisión llega de muchas formas

*Si se humillare mi pueblo, sobre el cual mi nombre
es invocado, y oraren, y buscaren mi rostro, y se
convirtieren de sus malos caminos; entonces yo
oiré desde los cielos, y perdonaré sus pecados, y
sanaré su tierra.*
—2 Crónicas 7:14

La promesa anterior de bendiciones de Dios suena muy parecida a las de Deuteronomio 28 que exploramos en el último capítulo. En este versículo en particular, Dios le dice a su pueblo que sanará *"su tierra"*.

Sé que a menudo los creyentes se juntan para orar por su "tierra", refiriéndose a su nación, pero Dios me ha mostrado que *"tierra"* significa mucho más.

*Pero Jehová había dicho a Abram: Vete de tu tierra
y de tu parentela, y de la casa de tu padre, a la tierra que te mostraré. Y haré de ti una nación grande,
y te bendeciré, y engrandeceré tu nombre, y serás*

bendición. Bendeciré a los que te bendijeren, y a los que te maldijeren maldeciré; y serán benditas en ti todas las familias de la tierra. (Génesis 12:1–3)

Sí, el Señor le prometió a Abraham y a sus descendientes una tierra física en Génesis 12, pero las bendiciones que Él tenía en mente eran mucho mayores que un trozo de propiedad.

¿Cuál es su "tierra"? Creo que la tierra que Dios tiene para que usted posea incluye sanidad y bienestar para su cuerpo, su casa, su transporte, su trabajo, su familia; es decir ¡todo lo relacionado con usted, con su vida! Piense en ello como algo muy personal.

Reconozca sus riquezas

Y en unión con Cristo Jesús, Dios nos resucitó y nos hizo sentar con él en las regiones celestiales, para mostrar en los tiempos venideros la incomparable riqueza de su gracia, que por su bondad derramó sobre nosotros en Cristo Jesús. (Efesios 2:6–7, NVI)

Aunque una gran parte de este libro trata sobre cómo Dios nos prospera por medio de la multiplicación de nuestras finanzas, su provisión sobrenatural no está limitada sólo al dinero. Sus bendiciones van mucho más allá del dinero que pasa por sus manos o se amontona en su cuenta bancaria.

Amado, yo deseo que tú seas prosperado en todas las cosas, y que tengas salud, así como prospera tu alma. (3 Juan 2)

La prosperidad divina incluye vida, amor, salud, esperanza y riquezas, aunque no está limitada a estas cosas. Su

Padre celestial quiere que usted prospere en todas las áreas de su vida, no sólo en su economía, sino también en su cuerpo, alma, mente, espíritu, relaciones, etc.

> **Su Padre celestial quiere que usted prospere en todas las áreas de su vida, no sólo en su economía.**

Cada día tenemos la oportunidad de darle gracias a Dios por cada respiración, por la comida que comemos, la ropa que vestimos, nuestros cónyuges, nuestras familias, nuestros hijos, nuestros trabajos y nuestra salud. Todo lo que tenemos es una bendición de Dios.

Sí, Dios recibe el dinero que le damos y a menudo nos lo multiplica y devuelve en dinero; sin embargo, sus bendiciones pueden adoptar una forma completamente distinta. ¿Se da usted cuenta y reconoce todas las bendiciones intangibles que exceden a sus ingresos gravables?

Dios es muy creativo en sus formas de bendecirnos. No importa cómo lleguen sus bendiciones, recuerde que usted es bendecido para que sea una bendición, no para atesorar las bendiciones para usted. Repito: Dios quiere que usted tenga "cosas" buenas, siempre y cuando estas cosas no le tengan a usted.

A medida que lea el resto de este capítulo, intente reconocer las formas en que Dios le ha bendecido con algo que no sea específicamente dinero. Luego, haga una "lista de bendiciones" personal para reconocer su provisión sobrenatural en su vida. Por ejemplo, ¿le ha invitado alguien a comer o cenar? ¿Algún vecino le ha regalado a su hijo una bicicleta que sus hijos ya no usaban? ¿Ha encontrado una buena oportunidad al comprar algo que necesitaba? Todas estas son bendiciones que aumentan su red de valor global.

Prosperar en medio de la adversidad

Ocurren desastres; el enemigo ataca cuando uno no lo espera para desviarle o distraerle de los planes de Dios, y usted vuelve a tener una decisión que tomar: ¿Reconoce la fuente del ataque, o se hunde en la autocompasión y la depresión? Dios puede tomar cualquier situación y convertirla en una bendición, un instante de provisión divina, si usted mantiene sus ojos abiertos para reconocerlo como tal. Permítame compartir un ejemplo de una buena amiga mía que reconoció la provisión de Dios en medio de una situación devastadora.

"Normalmente, me duermo a las 11:30 ó 12:00 de la noche, pero ese día en concreto estaba viendo algo en línea antes de apagar las luces. De repente, oí un sonido extraño, y al ir hacia mi oficina observé una extraña luz en el ático de mi casa. Los perros estaban dormidos abajo, así que sabía que no eran ellos los causantes del sonido que había oído.

"Subí las escaleras hacia el ático, preguntándome qué estaría ocurriendo. Durante doce años siempre he tenido una vela encendida en el ático, pero siempre tenía una protección para prevenir un posible incendio y no había nada inflamable cerca. De hecho, la electricidad no funcionaba en ese área de mi casa. Pasaba horas leyendo la Biblia u orando en ese 'rincón de oración' especial de mi casa.

"Cuando vi que la mesita estaba ardiendo, corrí al baño, llené un cubo de agua y corrí de nuevo al ático. Vertí el agua sobre el fuego, pero en vez de apagar las llamas, el agua literalmente avivó el fuego. Salió una nube de humo negro hacia el techo y el balcón, extendiéndose hacia el resto de la casa. Las chispas me saltaron a las manos y uno de mis pies, así como al borde de la bata que llevaba puesta.

"Al darme cuenta de que no podía controlar las llamas, corrí escaleras abajo e hice una llamada de teléfono pidiendo ayuda. La persona que contestó la llamada del 9-1-1 me hizo las preguntas de rutina y luego me dijo firmemente que saliera de la casa de inmediato. Tenía la intención de ir a por el extintor de la cocina y volver al ático, pero la señora me dijo de manera inflexible que saliera junto con los perros de la casa sin retraso alguno. Así que solté a los perros para que salieran al patio trasero y luego corrí en la otra dirección, hacia la puerta principal, hablando aún con la señora del 9-1-1.

"Descalza, salí corriendo por la puerta y estaba a unos tres metros cuando la ventana del ático explotó, lanzando miles de cristalitos detrás de mí mientras corría. Si hubiera tardado diez segundos más, habría tenido que correr sobre cristales.

"Cuando llegó el camión de bomberos, las llamas salían ya por la ventana del ático hacia el tejado mientras que un humo negro llenaba el resto de la casa. Yo estaba de pie en la fría calle, viendo a los bomberos echar agua a través de la ventana rota del ático, y varias de mis vecinas estaban conmigo. Autos de policía y una ambulancia llegaron poco después con las sirenas y las luces encendidas.

"Fue una escena surrealista. Yo estaba anonadada, pero mi enojo explotó cuando reconocí la causa de ese ataque: Satanás mismo. Empecé a atarle diciendo: 'Satanás, lo has intentado, ¡pero has perdido!'. Después, alabé a Dios y dije: 'Dios está cuidando de mí. Dios, llévatelo todo si lo deseas. Esto no es nada. Tú me has renovado y restaurado antes, ¡y lo volverás a hacer!'.

"Después de tres horas de caos, los bomberos me permitieron volver a entrar en mi casa, aunque no se me

Alabé a Dios y dije: "Dios está cuidando de mí. Dios, llévatelo todo si lo deseas. Esto no es nada. Tú me has renovado y restaurado antes, ¡y lo volverás a hacer!".

permitió sacar nada. Caminé sobre la alfombra empapada, viendo el desastre con el haz de luz de una linterna. Agarré mi computadora portátil, mi Biblia y mis perros, y me fui de mi bonita casa. La policía había contactado con mi hija y mi yerno, y ellos habían llegado para recogernos a mí y a mis nerviosos animales para llevarnos a su hogar.

"Estaba sentada en la cama, intentado ordenar los hechos de la noche, cuando mi hija me trajo ropa suya para que me vistiese. Nunca me había puesto la ropa de mi hija, no era mi talla, pues ella siempre había sido muy delgada; pero como recientemente había perdido cincuenta kilos, ¡me pude poner su ropa! Y, por primera vez esa noche, sonreí.

"Durante las tres noches siguientes, no pude dormir y pasé las noches mirando al techo durante horas mientras le daba gracias a Dios por su protección. Incluso le di gracias por el simple hecho de estar allí y ver el ventilador del techo dando vueltas toda la noche. Aún podía respirar, aún podía sentir, ¡estaba viva!

"Volvía a mi casa todos los días y veía a personas extrañas de la empresa de restauración guardando mis pertenencias. No era agradable saber que otros decidirían lo que rescatarían y lo que tirarían. Tenía que obligarme a ver y aceptar la posibilidad de quedarme sin nada.

"El fuego destruyó la mayor parte del ático, incluyendo el tejado. El daño en el resto de la casa lo causó principalmente el humo y el hollín, que se meten hasta el último rincón. Debido a las propiedades cancerígenas del hollín, había que limpiarlo todo profesionalmente. El aire acondicionado había esparcido el aire contaminado por toda la casa, y el calor había destruido los conductos del ático y la unidad de aire acondicionado.

"La compañía de seguros me alquiló una casa y se ponían en contacto conmigo de forma regular para asegurarse de que mis necesidades estuvieran bien cubiertas. No me quejaba de mi casa temporal, pero me preocupaba tener un lugar apropiado para la comodidad de mis mascotas en lugar de la mía. Yo sobreviviría. Sabía cómo 'acampar', de hecho, mi 'acampada' duró cuatro meses y medio. Mis frecuentes visitas a la casa eran agridulces al ver a los trabajadores destripando mi casa y restaurándola pieza por pieza.

"Cuando las obras de restauración estaban a punto de terminar, me compré electrodomésticos nuevos para la cocina. Dos días después de llevármelos a casa, me los robaron, ¡pero me negué a sentirme derrotada! Volví de nuevo a la tienda a comprar otros.

"Cuando finalmente llegó el día de la mudanza, me enviaron los muebles de un lugar de la ciudad, mientras que el resto de mis pertenencias llegaron desde otra dirección. Había cajas esparcidas por toda mi casa, con etiquetas identificativas poco detalladas, lo cual quería decir que cada caja que abría era como una sorpresa de Navidad. Quizá nunca sepa lo que perdí exactamente, pero sé lo que encontré.

"¡Dios fue fiel conmigo de muchas formas! Él me había mantenido despierta la noche del fuego. Si me hubiera dormido, nunca habría salido viva de esa casa. El humo me habría atrapado en mi cuarto. Hoy, estoy viva para servirle, y le doy gracias tanto por la salvación espiritual como por la física.

> **Hoy, estoy viva para servirle, y le doy gracias tanto por la salvación espiritual como por la física.**

"Tres días después del incendio, recibí una llamada de teléfono diciéndome que había sido elegida para una mención especial en una organización nacional a la que pertenezco. Sin saber si reír o llorar, hice un poco de las dos cosas al mismo tiempo. Realmente tuve el favor de Dios durante un tiempo muy difícil en mi vida.

"Mi casa ha sido restaurada. No ha quedado exactamente igual que antes, ¡sino mejor! Yo había reemplazado el tejado, las ventanas y los cimientos unos años antes del fuego. El interior necesitaba una renovación, pero no había podido comenzar las renovaciones o las mejoras. Cuando terminó la 'aventura', la compañía de seguros había invertido en mi vida 140,000 dólares. Cuando me enteré del total, mi primer pensamiento fue: *¿Cómo voy a poder diezmar de esta cantidad?*

"Este no fue el primer milagro que Dios me mostraba, y sé bien que tampoco será el último. ¡Él es bueno! Verdaderamente, lo que Satanás planeó para destruir mi vida, Dios lo convirtió en un milagro total. ¡Ahora es un gran testimonio de su fidelidad, bondad y amor hacia una de sus hijas!".

¡Qué testimonio! Mi amiga fue capaz de reconocer la provisión milagrosa de Dios en medio de lo que la mayoría de la gente hubiera visto como un completo desastre. ¿Cómo le ha bendecido el Señor en medio de circunstancias difíciles? Haga su propio estudio bíblico sobre sus bendiciones. Recibirá sus propia revelación personal de incontables bendiciones cuando lea y descubra lo que Dios ha provisto sólo para sus ojos. Ore para que Dios abra sus oídos y que se caigan las escamas de sus ojos cuando el Espíritu Santo le muestre sus revelaciones. Descubrirá otros versículos relacionados. Cuando escuche la radio cristiana o la televisión, recordará otras formas en que Dios le está bendiciendo. De repente, se dará cuenta de que *"la incomparable riqueza de su gracia"* (Efesios 2:7, NVI) le rodea cada día.

Tan sólo experimentar la vida cotidiana con ojos espirituales abiertos le mostrará las muchas formas en que Dios le ha bendecido, provisto para sus necesidades y protegido de los ataques del enemigo.

Haga una "lista de bendición"

Comience su "lista de bendición" hoy mismo. Escriba las bendiciones que Dios ya le ha dado a usted y a sus seres queridos. Él le da cada una de sus respiraciones, cada uno de sus latidos. ¡Siga dándole gracias y alabándole! Él sólo da cosas buenas, ¡y nunca dejará de hacerlo! ¡Él le ama!

¿Qué ha hecho Dios por usted hoy? ¿Qué ha hecho por su familia? ¿Qué ha hecho por su iglesia? Recuerde que Él se preocupa por las cosas pequeñas, así que incluya también esos detalles en su lista.

Puede que Él no suelte su provisión de inmediato a sus pies cuando usted crea que debería hacerlo; sin embargo, sepa que Él siempre suplirá a su debido tiempo, en el tiempo perfecto.

Para ayudarle con su "lista de bendiciones", aquí tiene un ejemplo de promesas bíblicas, pero de ningún modo pretende ser una lista exhaustiva.

Los deseos de su corazón

No te impacientes a causa de los malignos, ni tengas envidia de los que hacen iniquidad... Confía en Jehová, y haz el bien; y habitarás en la tierra, y te apacentarás de la verdad. Deléitate asimismo en Jehová, y él te concederá las peticiones de tu corazón. Encomienda a Jehová tu camino, y confía en él; y él hará... Guarda silencio ante Jehová, y espera en él. (Salmos 37:1, 3–5, 7)

Disfrute de los frutos de su trabajo

Y también que es don de Dios que todo hombre coma y beba, y goce el bien de toda su labor. (Eclesiastés 3:13)

Que lo bueno es comer y beber, y gozar uno del bien de todo su trabajo con que se fatiga debajo del sol, todos los días de su vida que Dios le ha dado; porque esta es su parte. Asimismo, a todo hombre a quien Dios da riquezas y bienes, y le da también facultad para que coma de ellas, y tome su parte, y goce de su trabajo, esto es don de Dios. (Eclesiastés 5:18–19)

Favor

Porque tú, oh Jehová, bendecirás al justo; como con un escudo lo rodearás de tu favor. (Salmos 5:12)

Porque un momento será su ira, pero su favor dura toda la vida. Por la noche durará el lloro, y a la mañana vendrá la alegría. (Salmos 30:5)

Hijo mío, no te olvides de mi ley, y tu corazón guarde mis mandamientos; porque largura de días y años de vida y paz te aumentarán. Nunca se aparten de ti la misericordia y la verdad; átalas a tu cuello, escríbelas en la tabla de tu corazón; y hallarás gracia y buena opinión ante los ojos de Dios y de los hombres. (Proverbios 3:1–4)

Porque el que me halle [sabiduría], hallará la vida, y alcanzará el favor de Jehová. (Proverbios 8:35)

Una cosecha final

(Dios ha hecho planes para financiar la cosecha final. Creo que habrá una transferencia de dinero milagrosa de los impíos a los justos, de los desobedientes a los obedientes).

El bueno dejará herederos a los hijos de sus hijos; pero la riqueza del pecador está guardada para el justo. (Proverbios 13:22)

Mas al pecador [Dios] da el trabajo de recoger y amontonar, para darlo al que agrada a Dios. (Eclesiastés 2:26)

Salud y sanidad

Muchas son las aflicciones del justo, pero de todas ellas le librará Jehová. El guarda todos sus huesos; ni uno de ellos será quebrantado. (Salmos 34:19–20)

Bendice, alma mía, a Jehová, y no olvides ninguno de sus beneficios. Él es quien perdona todas tus iniquidades, el que sana todas tus dolencias. (Salmos 103:2–3)

Ciertamente [Jesús] cargó con nuestras enfermedades y soportó nuestros dolores, pero nosotros lo consideramos herido, golpeado por Dios, y humillado. Él fue traspasado por nuestras rebeliones, y molido por nuestras iniquidades; sobre él recayó el castigo, precio de nuestra paz, y gracias a sus heridas fuimos sanados. (Isaías 53:4–5, NVI)

Tierra, herencia y descendientes

Pero a ustedes les digo: "Poseerán la tierra que perteneció a esas naciones, tierra donde abundan la leche y la miel. Yo mismo se la daré a ustedes como herencia". Yo soy el SEÑOR su Dios, que los he distinguido entre las demás naciones.

(Levítico 20:24, NVI)

Y te hará volver Jehová tu Dios a la tierra que here-daron tus padres, y será tuya; y te hará bien, y te multiplicará más que a tus padres.

(Deuteronomio 30:5)

Porque yo te mando hoy que ames a Jehová tu Dios, que andes en sus caminos, y guardes sus manda-mientos, sus estatutos y sus decretos, para que vi-vas y seas multiplicado, y Jehová tu Dios te bendiga en la tierra a la cual entras para tomar posesión de ella. (Deuteronomio 30:16)

Jehová se acordó de nosotros; nos bendecirá; ben-decirá a la casa de Israel; bendecirá a la casa de Aarón. Bendecirá a los que temen a Jehová, a pe-queños y a grandes. Aumentará Jehová bendición sobre vosotros; sobre vosotros y sobre vuestros hijos. Benditos vosotros de Jehová, que hizo los cielos y la tierra. (Salmos 115:12–15)

Paz, descanso y seguridad

Estas cosas os he hablado para que en mí tengáis paz. En el mundo tendréis aflicción; pero confiad, yo he vencido al mundo. (Juan 16:33)

Tú guardarás en completa paz a aquel cuyo pensa-miento en ti persevera; porque en ti ha confiado.

(Isaías 26:3)

*Venid a mí todos los que estáis trabajados y carga-
dos, y yo os haré descansar. Llevad mi yugo sobre
vosotros, y aprended de mí, que soy manso y humilde de corazón; y hallaréis descanso para vuestras
almas; porque mi yugo es fácil, y ligera mi carga.*

(Mateo 11:28–30)

*Y él dijo: Mi presencia irá contigo, y te daré descan-
so.* (Éxodo 33:14)

*La paz os dejo, mi paz os doy; yo no os la doy como
el mundo la da. No se turbe vuestro corazón, ni tenga miedo.* (Juan 14:27)

Protección

*Pero clamaron a Jehová en su angustia, y los libró
de sus aflicciones.* (Salmos 107:19)

*Pero alégrense todos los que en ti confían; den voces
de júbilo para siempre, porque tú los defiendes; en ti
se regocijen los que aman tu nombre. Porque tú, oh
Jehová, bendecirás al justo; como con un escudo lo
rodearás de tu favor.* (Salmos 5:11–12)

*El Señor es mi roca, mi amparo, mi libertador; es mi
Dios, el peñasco en que me refugio. Es mi escudo,
el poder que me salva, ¡mi más alto escondite! Él es
mi protector y mi salvador. ¡Tú me salvaste de la vio-
lencia! Invoco al Señor, que es digno de alabanza, y
quedo a salvo de mis enemigos.*

(2 Samuel 22:2–4, NVI)

Recompensas eternas

Bienaventurados los pobres en espíritu, porque de ellos es el reino de los cielos. Bienaventurados los que lloran, porque ellos recibirán consolación. Bienaventurados los mansos, porque ellos recibirán la tierra por heredad. Bienaventurados los que tienen hambre y sed de justicia, porque ellos serán saciados. Bienaventurados los misericordiosos, porque ellos alcanzarán misericordia. Bienaventurados los de limpio corazón, porque ellos verán a Dios. Bienaventurados los pacificadores, porque ellos serán llamados hijos de Dios. Bienaventurados los que padecen persecución por causa de la justicia, porque de ellos es el reino de los cielos. (Mateo 5:3–10)

Y cantaban un nuevo cántico, diciendo: Digno eres de tomar el libro y de abrir sus sellos; porque tú fuiste inmolado, y con tu sangre nos has redimido para Dios, de todo linaje y lengua y pueblo y nación; y nos has hecho para nuestro Dios reyes y sacerdotes, y reinaremos sobre la tierra. (Apocalipsis 5:9–10)

Éxito en todo lo que haga

Sin falta le darás [al pobre], *y no serás de mezquino corazón cuando le des; porque por ello te bendecirá Jehová tu Dios en todos tus hechos, y en todo lo que emprendas.* (Deuteronomio 15:10)

Nunca se apartará de tu boca este libro de la ley, sino que de día y de noche meditarás en él, para que guardes y hagas conforme a todo lo que en él está escrito; porque entonces harás prosperar tu camino, y todo te saldrá bien. (Josué 1:8)

Te daré tesoros escondidos en la oscuridad, riquezas secretas. Lo haré para que sepas que yo soy el Señor, Dios de Israel, el que te llama por tu nombre.
(Isaías 45:3, ntv)

Porque yo me volveré a vosotros, y os haré crecer, y os multiplicaré, y afirmaré mi pacto con vosotros.
(Levítico 26:9)

Multiplicaré asimismo el fruto de los árboles, y el fruto de los campos, para que nunca más recibáis oprobio de hambre entre las naciones.
(Ezequiel 36:30)

Y te hará Jehová tu Dios abundar en toda obra de tus manos, en el fruto de tu vientre, en el fruto de tu bestia, y en el fruto de tu tierra, para bien; porque Jehová volverá a gozarse sobre ti para bien, de la manera que se gozó sobre tus padres.
(Deuteronomio 30:9)

El justo florecerá como la palmera; crecerá como cedro en el Líbano. (Salmos 92:12)

Bendito el varón que confía en Jehová, y cuya confianza es Jehová. Porque será como el árbol plantado junto a las aguas, que junto a la corriente echará sus raíces, y no verá cuando viene el calor, sino que su hoja estará verde; y en el año de sequía no se fatigará, ni dejará de dar fruto. (Jeremías 17:7–8)

Bienaventurado el varón que no anduvo en consejo de malos, ni estuvo en camino de pecadores, ni en silla de escarnecedores se ha sentado; sino que en la ley de Jehová está su delicia, y en su ley medita de día y de noche... Y todo lo que hace, prosperará.

(Salmos 1:1–2, 3)

Guarda los preceptos de Jehová tu Dios, andando en sus caminos, y observando sus estatutos y mandamientos, sus decretos y sus testimonios, de la manera que está escrito en la ley de Moisés, para que prosperes en todo lo que hagas y en todo aquello que emprendas.

(1 Reyes 2:3)

Sabiduría y conocimiento

Porque al hombre que le agrada, Dios le da sabiduría, ciencia y gozo.

(Eclesiastés 2:26)

Ciertamente te daré la sabiduría y el conocimiento que pediste.

(2 Crónicas 1:12, NTV)

Dichoso el que halla sabiduría, el que adquiere inteligencia. Porque ella es de más provecho que la plata y rinde más ganancias que el oro. Es más valiosa que las piedras preciosas: ¡ni lo más deseable se le puede comparar! Con la mano derecha ofrece larga vida; con la izquierda, honor y riquezas. Sus caminos son placenteros y en sus senderos hay paz.

(Proverbios 3:13–17, NVI)

Yo, la sabiduría, habito con la cordura, y hallo la ciencia de los consejos... Conmigo está el consejo y

*el buen juicio; yo soy la inteligencia; mío es el po-
der... Yo amo a los que me aman, y me hallan los
que temprano me buscan. Las riquezas y la honra
están conmigo; riquezas duraderas, y justicia. Mejor
es mi fruto que el oro, y que el oro refinado; y mi rédi-
to mejor que la plata escogida. Por vereda de justicia
guiaré, por en medio de sendas de juicio, para hacer
que los que me aman tengan su heredad, y que yo
llene sus tesoros.* (Proverbios 8:12, 14, 17–21)

*Con sabiduría se edificará la casa, y con prudencia
se afirmará; y con ciencia se llenarán las cámaras
de todo bien preciado y agradable.*

(Proverbios 24:3–4)

Palabras para hablar

*Luego extendió el Señor la mano y, tocándome la
boca, me dijo: He puesto en tu boca mis palabras.*

(Jeremías 1:9, NVI)

*Llegará el día cuando haré revivir la antigua gloria
de Israel, y por fin, Ezequiel, respetarán tus palabras. Entonces sabrán que yo soy el Señor.*

(Ezequiel 29:21, NTV)

*Cuando os trajeren a las sinagogas, y ante los ma-
gistrados y las autoridades, no os preocupéis por
cómo o qué habréis de responder, o qué habréis de
decir; porque el Espíritu Santo os enseñará en la
misma hora lo que debáis decir.* (Lucas 12:11–12)

Capítulo 8

Pida su herencia

El Espíritu mismo da testimonio a nuestro espíritu, de
que somos hijos de Dios. Y si hijos, también herederos;
herederos de Dios y coherederos con Cristo.
—Romanos 8:16–17

Hace varios años, me encontraba en el banco cuando me
topé con una anciana muy bajita que acababa de terminar sus
operaciones y parecía estar totalmente apenada y atribulada.

Me acerqué y le dije: "¿Puedo orar por usted? ¿Puedo
darle un abrazo?".

Ella accedió, así que le di un abrazo. Después me pidió
si podía llevarle a casa, y le dije que sí. Ya en el automóvil, me
dijo: "Es usted muy cariñosa. Sé que no tendrá ni idea de lo
que es que alguien te traicione".

Me miró un tanto sorprendida cuando le dije: "Sí lo sé.
Incluso escribí un libro acerca de lo que me ocurrió". Tenía
un ejemplar de mi libro *Healing the Heart* [Sanar el corazón]
en el auto, así que se lo regalé.

Me contó que su marido había fallecido hacía siete años. Vivían en una casa muy bonita, pero lo perdió todo cuando él murió. Hacía sólo dos semanas que había descubierto que su esposo había muerto siendo multimillonario. Mientras tanto, desde que falleció, ella había vivido por debajo del nivel de pobreza. El ejecutor del testamento de su esposo se había quedado con toda la herencia que le correspondía a ella y se la había dado al socio y mejor amigo de su esposo.

¡Qué trágica historia de injusticia! La herencia de la mujer se le retiró de forma ilegal. Le cuento esta historia porque quiero hacerle esta pregunta: ¿Quién está quitándole su herencia?

Su herencia es la unción del Espíritu Santo, el poder de la sangre de Jesús sobre la maldad, la paz que sobrepasa todo entendimiento y la vida abundante. Todas sus necesidades están suplidas en Cristo Jesús. Esta es su herencia, la cual le corresponde, ¡y es una tragedia sufrir la injusticia de que alguien se la arrebate!

Tiene que llegar al punto de no seguir así ni un minuto más; ya fue suficiente. El enemigo, *"El ladrón* [que] *no viene sino para hurtar y matar y destruir"* (Juan 10:10), se ha quedado ya con más de lo que debiera usted tolerar. Ya es el tiempo de gozar de restauración y vida. Saque al enemigo a patadas de su vida y de sus finanzas. Cuando me enfrento a situaciones difíciles, digo: "Satanás, te estás pasando, así que vete en el nombre de Jesús".

Bloqueadores de la bendición

Sin embargo, a veces no disponemos de nuestra herencia debido a nuestros propios pecados y defectos. Hablemos ahora de algunos de los mayores obstáculos que impiden que recibamos nuestra herencia y cómo podemos superarlos.

Duda

Casi no hace falta decirlo, pero no debemos dudar de la capacidad de Dios para suplir nuestras necesidades, e incluso de darnos aún más. Un buen ejemplo de alguien que recibió una recompensa por su fe firme es la viuda de este relato de 2 Reyes:

> *Una mujer, de las mujeres de los hijos de los profetas, clamó a Eliseo, diciendo: Tu siervo mi marido ha muerto; y tú sabes que tu siervo era temeroso de Jehová; y ha venido el acreedor para tomarse dos hijos míos por siervos. Y Eliseo le dijo: ¿Qué te haré yo? Declárame qué tienes en casa. Y ella dijo: Tu sierva ninguna cosa tiene en casa, sino una vasija de aceite. Él le dijo: Ve y pide para ti vasijas prestadas de todos tus vecinos, vasijas vacías, no pocas. Entra luego, y enciérrate tú y tus hijos; y echa en todas las vasijas, y cuando una esté llena, ponla aparte. Y se fue la mujer, y cerró la puerta encerrándose ella y sus hijos; y ellos le traían las vasijas, y ella echaba del aceite. Cuando las vasijas estuvieron llenas, dijo a un hijo suyo: Tráeme aún otras vasijas. Y él dijo: No hay más vasijas. Entonces cesó el aceite. Vino ella luego, y lo contó al varón de Dios, el cual dijo: Ve y vende el aceite, y paga a tus acreedores; y tú y tus hijos vivid de lo que quede.* (2 Reyes 4:1-7)

Si la viuda hubiera dudado de las instrucciones que Dios le había dado a Eliseo o las hubiera ignorado, su aceite no se habría multiplicado sobrenaturalmente, y no hubiera podido pagar su deuda; pero como obedeció en fe, recibió una bendición, una que sólo ella tenía el poder de limitar, en base al número de vasijas que pudiera tomar prestadas. Si hubiera conseguido más vasijas, habría tenido una bendición aún mayor.

Nunca dude de la capacidad o el deseo de Dios de bendecirle. Él sabe exactamente dónde, cuándo y cómo llegará el dinero que usted necesita. Aumente su nivel de anticipación, y no cuestione sus métodos, aunque no estén en línea con sus expectativas.

Orgullo

Las vueltas y giros inesperados de la vida a veces pueden causar que sus batallas le parezcan más cuesta arriba de lo que usted había anticipado. En esos momentos, puede orar y pedirle a Dios que actúe a su favor. Podría rogar y suplicarle que arroje un monte al mar, o podría aferrarse a un versículo y creer que Dios suplirá el dinero para el pago de una hipoteca, por ejemplo; pero quizá no esperaba que Él le hiciera llegar el dinero de la manera en que lo hizo.

Porque sol y escudo es Jehová Dios; gracia y gloria dará Jehová. No quitará el bien a los que andan en integridad. (Salmos 84:11)

Cuando confía en que Dios suplirá una necesidad, tiene que entender que a menudo Él trabaja por medio de otras personas para suplir el dinero por el que ha estado orando. ¡Él se puede mover en alguien, cuando quiera, donde quiera, para bendecirle!

> **¡Dios se puede mover en alguien, cuando quiera, donde quiera, para bendecirle!**

A veces no recibimos estas bendiciones por el orgullo. Conozco a una pareja con dos hijas. Cuando las hijas tenían nueve y diez años de edad, sus padres establecieron metas a largo plazo para la educación de sus hijas y creyeron que Dios supliría sobrenaturalmente para los costes de la universidad.

Un día, una de las compañeras de trabajo de la esposa se acercó a ella y le dijo: "Mi mamá acaba de fallecer, y me ha dejado millones de dólares. Me gustaría sufragar los gastos académicos de tus hijas, aunque sólo sea por la deducción de impuestos".

Ella dijo: "Permíteme que hable primero con mi esposo".

Pero cuando le contó el deseo de la mujer de pagar la universidad de sus hijas, su esposo dijo: "No, no puedo aceptar su dinero. Es algo que me corresponde a mí pagar".

Dios quería bendecir a esta pareja y a sus hijas, ¡pero el orgullo bloqueó la bendición! Esté abierto a recibir bendiciones de otras personas. Sea agradecido cuando las personas que le rodean vean su necesidad y le ofrezcan su ayuda. No deje que el orgullo le impida aceptar un regalo.

Dios está intentando hacerle llegar dinero. Nunca diga: "¡No! Lo haré yo mismo". Extienda su mano, ¡y reciba!

Concesiones

Hace varios años, mi hija Melody entró a formar parte de una organización que hacía trabajo misionero en otros países con huérfanos. En cierta ocasión había un viaje de un mes por Rusia y Rumanía al que ella quería ir. Necesitaba conseguir tres mil quinientos dólares para cubrir sus costos del viaje. Muchas personas aportaron dinero para ayudarle a pagarlo. Sin embargo, dos semanas antes de la fecha límite, aún necesitaba mil doscientos dólares. Ella había contribuido con gran parte de su salario, y había participado en varios eventos para recaudar fondos a fin de alcanzar su objetivo.

Al ver que su objetivo parecía prácticamente inalcanzable con la rapidez que se aproximaba la fecha límite, llamó a su papá (mi ex-marido) para pedirle que le ayudara con el viaje. Como él aún no había aportado nada de dinero para ese viaje, ella pensó que estaría dispuesto a ayudar.

Resultó que él no quiso colaborar con dinero, pero le sugirió otra solución: "¿Por qué no vienes a hablar a mi iglesia el próximo domingo y les cuentas a todos lo que quieres hacer?", dijo. "Trae fotografías de tu último viaje y cuéntale a la congregación lo que necesitas, y recogeremos una ofrenda para tu viaje. ¿Qué te parece?".

Suena bien, ¿verdad? Había tan sólo unos cuantos problemas con esa oferta. El papá de Melody pastorea una iglesia donde la mayoría de sus miembros llevan un estilo de vida alternativo. Melody nunca había asistido a esa iglesia ni había ido a ninguna de sus reuniones porque piensa que el estilo de vida de aquellas personas no es bíblico.

No había garantía alguna de que el dinero que necesitaba para su viaje llegaría antes de la fecha límite. Podía haber comprometido sus estándares y haber aceptado esa oportunidad para intentar recaudar el dinero que necesitaba, pero el Espíritu Santo habló a su corazón: "No es la mejor idea".

Decepcionada y un poco frustrada, Melody le dijo a su papá: "Me lo pensaré". Tenía que orar por la oportunidad que su padre le había ofrecido. Decidió creer que Dios iba a proveer de una manera diferente. Llamó a su pastor, le explicó la situación y le pidió sabiduría y guía. Él no respondió de inmediato, pero le aseguró que consideraría varias opciones y le diría lo que sentía que Dios quería que hiciera en esta situación.

Finalmente Melody rechazó la oferta de su papá de compartir en su iglesia. Unos pocos días antes de la fecha límite para hacer su último pago, Melody estaba sentada con el equipo en la última reunión que tendrían antes del viaje, cuando a mitad de la reunión, sonó su teléfono. Era su pastor, el cual llamaba para decirle que la iglesia iba a darle ¡mil dólares para su viaje de misiones! Finalmente recibió todo lo que necesitaba para ira a Rusia y Rumanía.

Ella no había transigido. No había cuestionado a Dios ni había temblado durante las largas horas de espera hasta que Él resolviera los últimos detalles. Sabía que hablar en una iglesia que permite un estilo de vida alternativo hubiera significado un compromiso que habría alterado su futuro y debilitado su testimonio. Dios ha suplido milagrosamente sus necesidades en muchas ocasiones desde entonces, y ella comparte libremente con todo el que tiene oportunidad su testimonio acerca de su gran Dios.

La aceptación de regalos dudosos

A veces es fácil recibir. Glorificamos a Dios con agradecimiento y emoción. Sin embargo, otras veces en cuanto recibimos algo, ya sea un regalo o dinero, nuestro nivel de estrés se dispara, y esto no es necesariamente algo malo.

El Espíritu Santo puede hacerle sentir intranquilidad con el hecho de recibir un regalo por diferentes motivos. Puede que Él le esté advirtiendo de la intención que tiene la persona que le ofrece el regalo. Él sabe cuándo alguien da con un corazón generoso o con un espíritu egoísta y egocéntrico.

> **Puede que Dios le esté advirtiendo de la intención que tiene la persona que le ofrece el regalo. Él sabe cuándo alguien da con un corazón generoso o con un espíritu egoísta y egocéntrico.**

Por ejemplo, cuando se le ofrece a un familiar o amigo dinero acompañado de condiciones, a menudo es difícil para ese amigo o familiar recibir la ayuda. Es entendible darle dinero a alguien y decir: "Esto es para que pagues la factura de la luz", y esperar que la persona pague su factura. Esa condición es aceptable porque la necesidad es la factura de la luz. Pero decir: "Toma este dinero. No lo uses para comprar café o salir a comer; sólo lo puedes recibir si estás de acuerdo en usarlo para esto o lo otro", es poner a la persona en una posición difícil y donde quizá le presionemos para que transija en sus estándares.

Una persona que da con condiciones quizá diga algo como: "Te invito a comer si vienes a visitarme". Si se ofrece algo con ciertas condiciones, o si aceptarlo le supondría hacer concesiones en sus creencias, pídale dirección al Espíritu Santo. Quizá pueda pagar con ello sus facturas, pero la marca en su relación con alguien y los sentimientos que acompañan a la situación indudablemente hacen que a la larga no valga la pena recibir el regalo.

Pueden existir algunas excepciones a esta sabiduría general sobre no aceptar dinero que se da con condiciones. Cuando una de mis hijas se graduó de la universidad, un familiar dijo: "¡Estoy muy orgulloso de ti! Toma, tu regalo de graduación para que te lo gastes como quieras, pero no te compres un auto". No era suficiente para comprar un automóvil, pero sí para dar la entrada. Mi hija necesitaba un vehículo, y decidió que era su dinero y que podía gastarlo como quisiera.

Al poco tiempo se compró un auto. Quizá esté pensando: Lo necesitaba, era su dinero y era adulta. Esa persona no tenía derecho a decirle cómo gastárselo.

No obstante, cuando mi hija había terminado de pagar su automóvil, ¡estaba más que dispuesta a deshacerse de él! Casi llegó a odiarlo. No soportaba tener que gastar dinero en ese auto: cuotas periódicas de mantenimiento, cambios de aceite, ruedas nuevas y otras cosas. Cuando recibió el dinero como regalo de graduación, ignoró la sabiduría que le habían ofrecido en ese entonces. De manera ocasional, aceptar un regalo con condiciones y luego no cumplir lo pactado puede traer una maldición.

A veces, los "regalos" se dan en forma de préstamos, con la condición de que el receptor finalmente lo devuelva con intereses. Romanos 13:8 nos dice que *"no tengan deudas pendientes con nadie, a no ser la de amarse unos a otros"* (NVI).

Dios conoce la incomodidad que se produce cuando un familiar le ha prestado dinero a otro y no se lo devuelve. Él quiere que evitemos prestarnos unos a otros. Si un familiar tiene alguna necesidad, y usted tiene dinero para prestarle, piense en dárselo como un regalo en vez de como un préstamo. Ore y pregúntele a Dios si debe suplir la necesidad de su familiar.

En Lucas 6:38, Jesús dijo: *"Dad, y se os dará; medida buena, apretada, remecida y rebosando darán en vuestro regazo; porque con la misma medida con que medís, os volverán a medir"*. Yo prefiero darles libremente a mis familiares que tienen necesidad y esperar que Dios me multiplique la cantidad con una buena medida, apretada y remecida, en lugar de hacerles un préstamo y luego mirarles con frustración, queriendo presionarles y apretarles para forzarles a realizar los pagos más los intereses.

¿Cómo saber cuándo debería recibir regalos de cualquier tipo de las personas que le rodean? Es mejor recibir un regalo cuando se le ofrece libremente, sin condiciones. Dios ofrece libremente su salvación y perdón. Usted no puede hacer nada para merecerlos. Jesús murió libremente en la cruz por su salvación y tomó el castigo de sus pecados. Su muerte le dio la provisión para el perdón. Es una deuda que usted no puede devolver.

Es mejor recibir un regalo cuando se le ofrece libremente, sin condiciones.

Otro momento apropiado de recibir un regalo de alguien es cuando es una respuesta específica a una necesidad u oración, aunque la respuesta llegue a través de un familiar. Mientras el regalo esté libre de condiciones poco razonables o de compromisos, dé gracias a Dios por la generosidad de su familiar.

Hace un par de años, mi hija Melody estaba orando y creyendo que Dios le daría una computadora. Trabajaba para mí y había comenzado a viajar con el equipo ministerial para ayudar en las giras. Para conseguir la computadora con el descuento para "amigos y familiares" que daban en una tienda en particular, tenía que encargarlo en un plazo menor a dos semanas.

Conseguir los mil dólares que necesitaba en dos semanas era irrealista en lo natural. Melody viajaba conmigo en ese tiempo, y Dios puso en su corazón sembrar cien dólares en nuestro ministerio. Estuvo luchando con Dios durante unos minutos, tratándole de explicar que sólo estaba ayudando y que no tenía ingresos mientras estaba de gira conmigo. Pero en su corazón, sabía que había oído a Dios y dio el dinero en obediencia.

Dos días después, recibí una llamada de teléfono. La persona al otro lado del teléfono me dijo: "Creo que Dios me dijo que le diera mil dólares a Melody. ¿Está bien?".

Hice una breve pausa y luego dije: "Sí". Esa persona no tenía ni idea de que Melody había estado orando y creyendo que Dios le daría la cantidad justa para comprarse una computadora portátil. Sin ninguna condición ni pautas acerca de cómo debía Melody usar los mil dólares, esa persona los dio libremente.

Aunque es crucial evaluar los motivos del dador del regalo antes de aceptarlo, es igualmente importante saber cuáles son sus propios motivos antes de pedirle algo a Dios o a otra persona. Tenga en mente Santiago 4:3: *"Y cuando piden, no reciben porque piden con malas intenciones, para satisfacer sus propias pasiones"* (NVI).

La trampa de la deuda

Sea consciente de que el enemigo querrá darle maldiciones disfrazadas de bendiciones para así robarle su herencia. Por ejemplo, quizá le han ofrecido tener una tarjeta de crédito que dice que ha sido seleccionado para obtener un límite de crédito de cinco mil dólares. ¡No grite de júbilo y alabe a Dios! Esa tarjeta no es una bendición de parte de Dios. El crédito es deuda pura, y un río no puede fluir de un lugar de endeudamiento. Un río en deuda es tan sólo un desierto.

Cuando las personas usan una tarjeta de crédito para comprar cosas que no son esenciales y se cargan económicamente porque no pueden pagar la tarjeta, significa que la tarjeta no es de Dios, sino una tentación del enemigo.

Las clausulas ocultas y la letra pequeña en los contratos pueden volver para morder al que acepta las apariencias. Por ejemplo, ¿es realmente dinero gratis los frecuentes ofrecimientos de tarjetas de crédito que recibimos en el correo? ¿Nos aportan un alivio instantáneo cuando vencen las facturas? Puede parecer que sí, hasta que llegan las facturas de la tarjeta de crédito con unos intereses desorbitantes añadidos. Pronto, las facturas de la tarjeta se convierten cada vez más en un asunto peor que el problema original.

La mentalidad de pobreza

Conozco a un hombre que se quejaba por haber perdido su automóvil y su casa. Aunque era un líder muy influyente, hablaba con una mentalidad de pobreza. Discutimos este punto en el capítulo 1, pero quiero volver a enfatizarlo: usted debe vivir con una mentalidad de prosperidad, y no de pobreza. Recuerde: *"La muerte y la vida están en poder de la lengua, y el que la ama comerá de sus frutos"* (Proverbios 18:21).

Nunca permita que palabras negativas salgan de su boca, más bien haga planes para pagar su hipoteca y su automóvil. Prepárese para recibir cada vez más, mucho más de lo que haya recibido nunca. Crea que tendrá más que suficiente. Detalle lo que hará con las bendiciones de Dios cuando lleguen.

Si tiene que romper el espíritu de pobreza, haga esta oración en voz alta:

Padre, en el nombre de Jesús, renuncio y rompo el espíritu de pobreza. En el nombre de Jesús, declaro que ya no camino en pobreza y que voy a caminar en prosperidad, según tu Palabra. Caminaré en prosperidad, no sólo en mis finanzas sino también en cada área de mi vida.

Padre, tengo la mente de Cristo, y no una mentalidad de pobreza. Todo pensamiento negativo desaparece, en el nombre de Jesús. Cualquier temor desaparece, en el nombre de Jesús. Limitaré el tiempo que paso viendo las noticias y escuchando a los pesimistas, y no permitiré que las opiniones de los hombres me dirijan. En cambio, acudiré a tu Palabra para obtener dirección divina. Soy bendecido para ser de bendición a otros, en el nombre de Jesús, ¡amén!

Oraciones vagas

Un niño pequeño estaba jugando con su hermano cuando se cayó y se golpeó en la cabeza. Su madre le puso la mano en el hombro y comenzó a orar, pero él tomó su mano y la dirigió a su cabeza, y dijo: "No, Mamá, no me he lastimado el hombro, sino la cabeza". Incluso un niño de cuatro años entendió que su mamá tenía que poner su mano en el lugar correcto al orar.

Cuando usted ore por su economía, sea específico. Así como el niño habló con su madre, pídale a Dios que ponga su mano donde le duele. Él está listo para derramar sus bendiciones para poder suplir sus necesidades, pero tiene que decirle cuáles son. *"Pero no tenéis lo que deseáis, porque no pedís"* (Santiago 4:2). Aunque Dios conoce nuestras necesidades, Él quiere que le digamos cuáles son.

No se limite a decir: "Padre, ¡bendice mis finanzas!".

> **Cuando usted ore por su economía, sea específico. Dios está listo para derramar sus bendiciones para poder suplir sus necesidades, pero tiene que decirle cuáles son.**

En vez de eso, diga: "Padre, ¡declaro que tengo dinero más que suficiente en mi cuenta para suplir todas mis necesidades! Padre, estoy contento de poder darte más del diez por ciento de mis ingresos. Padre, puedo dar libremente lo que sea, cuando sea y donde sea que tú me digas que dé. Puedo ser un dador radical. Ciertamente soy un dador alegre. Gracias por todas tus bendiciones".

Medite en esta oración específica de Jabes extraída del libro de 1 Crónicas:

> *E invocó Jabes al Dios de Israel, diciendo: ¡Oh, si me dieras bendición, y ensancharas mi territorio, y si tu mano estuviera conmigo, y me libraras de mal, para que no me dañe!* (1 Crónicas 4:10)

¿Cómo le respondió Dios? *"Y le otorgó Dios lo que pidió"* (versículo 10). Dios escuchó los detalles de la oración de Jabes, ¡y se los concedió!

Pida a través de la oración por necesidades concretas

Quiero que sea económicamente sano. Quiero que pueda dar libremente para avanzar la obra de Dios. Quiero que las ventanas del cielo se abran de par en par para que su herencia de abundante prosperidad pueda desbordarle en cada área de su vida.

¿Necesita sanidad física? Llámelo por su nombre. ¿Podría usar más finanzas? Diga exactamente cuál es su necesidad.

Ahora que hemos tratado las claves para avanzar en sus finanzas, voy a guiarle en una oración para tratar situaciones específicas. Si una situación es relevante para usted, ore por ello nombrando el asunto en cuestión. Sea específico. ¡Todas las fuerzas de oposición en su vida se tienen que ir ante su orden! Usted va a comisionar empleos y ascensos, va a romper el espíritu de pobreza y a declarar aumento de pagos, extras y donaciones para apoyar lo que Dios quiere que haga. Si los obstáculos han detenido el fluir de las finanzas en su vida, sea específico cuando ore contra ellas, nombrando su necesidad. ¿Necesita sanidad física? Llámelo por su nombre. ¿Podría usar más finanzas? Diga exactamente cuál es su necesidad.

Comenzaré poniéndome de acuerdo con usted en oración: "Padre, me pongo de acuerdo con tu voluntad para la vida de este querido lector, y vengo contra cualquier espíritu enemigo que haya estado bloqueando la total liberación de tus bendiciones, en el nombre de Jesús. Amén".

¡Ahora le toca a usted! Remánguese y póngase los guantes de boxeo. Cuando llegue a una oración que encaje con su necesidad específica, haga esa oración en voz alta. De esta manera, verá las palabras, leerá las palabras y oirá las palabras: un triple refuerzo.

Si alguien le debe dinero...

"Padre, te doy gracias en el nombre de Jesús porque el dinero que me deben pronto me lo devolverán. Bendigo a [*inserte el nombre*], Padre, para que él o ella cumpla su compromiso. En el nombre de Jesús, te pido que te muevas en el corazón de mi deudor para que me pague el dinero que me debe a fin de poder usarlo para bendecir a otros. En el nombre de Jesús, amén".

Si trabaja en las ventas a comisión...

"Padre, sabes que trabajo con comisiones. Ordeno a las fuerzas opositoras del mal que pudieran obstaculizar mi éxito que se vayan, en el nombre de Jesús. Declaro un aumento sobrenatural para mis ventas, en el nombre de Jesús. Amén".

Si desea un aumento de pago y bonificaciones...

"Padre, creo que quieres bendecirme y prosperarme, así que ya sea que me hayan prometido un aumento de salario o no, declaro un aumento de salario en mis ingresos. Declaro bonificaciones en mi vida, en el nombre de Jesús, amén".

Si desea o necesita un trabajo diferente...

"Padre, gracias por el trabajo que has preparado para mí. Te doy gracias por el trabajo que viene en un futuro próximo, el cual será mucho mejor que el que jamás hubiera esperado, soñado o deseado tener, en el nombre de Jesús. Amén".

Si necesita donaciones u otro salario externo para sostener su ministerio...

"Padre, ordeno a las fuerzas que están obstaculizando a los miembros de la iglesia o a los socios ministeriales para que den con generosidad para ti y tu obra que se vayan, en el nombre de Jesús. Padre, te doy gracias por el apoyo que me han prometido, porque llegará de forma sobrenatural, en el nombre de Jesús. Amén".

Si necesita una casa nueva o quiere terminar de pagar su casa este año...

"Padre, te doy gracias por la casa que tendré en un futuro no muy lejano, en el nombre de Jesús".

"Padre, en el nombre de Jesús te doy gracias porque terminaré de pagar la hipoteca de mi casa de forma sobrenatural. Amén".

Si necesita un automóvil nuevo o su vehículo actual necesita reparaciones...

"Padre, necesito un vehículo nuevo. Gracias por suplir de forma sobrenatural el dinero suficiente y/o los descuentos para que pueda pagarlo totalmente, en el nombre de Jesús. Amén".

"Padre, tengo una factura de reparaciones de mi automóvil que tengo que pagar. Gracias por proveer lo necesario para pagar esta factura del todo, en el nombre de Jesús. Amén".

Si tiene una deuda de tarjetas de crédito...

"Padre, sabes que tengo una deuda de la tarjeta de crédito, pero te doy gracias porque pagaré toda la deuda rápidamente. Gracias por ayudarme a pagar del todo mi deuda de forma sobrenatural, y también por ayudarme a cambiar mis hábitos para que nunca más vuelva a endeudarme, en el nombre de Jesús. Amén".

Si usted (o alguien a quien usted conoce) desea quedarse embarazada...

"Padre, quiero quedarme embarazada/tengo una amiga o familiar que tiene problemas para quedarse embarazada. Ordeno que todas las fuerzas opositoras se vayan, en el nombre de Jesús. Ordeno a las trompas de Falopio y al útero que se abran y reciban para poder concebir y por un aumento de espermatozoides, en el nombre de Jesús. Amén". (Yo hice esta oración por mi hija, ¡y se quedó embarazada días después!).

Si desea un buen cónyuge...

"Padre, te doy gracias porque el cónyuge que has elegido para mí ya está en camino. Gracias porque me has estado preparando para él/ella. Quiero ser una bendición para mi futuro cónyuge, que ya está de camino a mi vida. Gracias, Padre, en el nombre de Jesús. Amén".

Si está casado con una persona no creyente...

"Padre, gracias por quitar cualquier fuerza opositora que está impidiendo que mi cónyuge reciba la salvación. Gracias por la salvación de mi cónyuge, en el nombre de Jesús. Amén".

Si tiene hijos que no son salvos...

"Padre, ordeno a las fuerzas opositoras que están impidiendo que mis hijos acudan a ti que se vayan. Reclamo Isaías 49:25, donde tú has prometido salvar a mis hijos. Gracias por Hechos 16:31: *'Cree en el Señor Jesucristo, y serás salvo, tú y tu casa'*. ¡Ya no habrá más obstáculos! No más demoras, en el nombre de Jesús. Amén".

Si a usted y a su cónyuge les cuesta dar lo mejor de sí al otro...

"Padre, oro para que me pueda convertir en el hombre/mujer de Dios que mi cónyuge merece, para que sea el marido/la esposa que tú quieres que sea para él/ella, en el nombre de Jesús. Amén".

¡Bien hecho! Lo que acaba de orar ha liberado el poder de Dios para cambiar su vida y las vidas de otros.

Ahora, repita la siguiente frase unas cuantas veces: "¡Soy bendecido para ser de bendición!". Usted está rompiendo el espíritu de pobreza al repetir esta frase una y otra vez. Dígalo cada vez más alto: "¡Soy bendecido para ser de bendición! ¡Soy bendecido para ser de bendición! ¡Soy bendecido para ser de bendición!".

Capítulo 9

Evite baches financieros

*Pero deseamos que cada uno de vosotros muestre
la misma solicitud hasta el fin, para plena certeza
de la esperanza, a fin de que no os hagáis
perezosos, sino imitadores de aquellos que por la fe
y la paciencia heredan las promesas.*
—Hebreos 6:11–12

Para resumir los principios que hemos tratado, me gustaría compartir con usted una hipotética anécdota que ilustra un viaje común para muchos de nosotros. Mientras lo lee, preste atención al protagonista y a los "baches" en que cae durante el camino, tomando nota de aquellos que pudieran afectarle a usted. Al final de la historia, pondremos en práctica algunos de los métodos que hemos tratado, contradiciendo las mentiras del enemigo y las opiniones del mundo con la verdad de la Palabra de Dios.

El viaje

Siendo niño, sentado en un banco de madera en una iglesia denominacional, sintió la actividad del Espíritu Santo en su interior, si bien no pudo identificar bien lo que era. Observaba cómo los fieles tomaban sus asientos territoriales, escuchaban y sonreían en el predecible transcurso del ritual de los domingos. El tiempo de la ofrenda y los canastos pasando por los bancos era parte del ritual. El niño curioso echaba un vistazo al canasto mientras pasaba, y en una ocasión depositó su propia contribución. Lo hizo con moderación, claro, porque según lo que veía mientras pasaba el canasto, suponía que Dios no necesitaba mucho dinero para mantener funcionando la grande y bonita iglesia. De hecho, le confirmaba que Dios no necesitaba que nadie diera dinero, porque la iglesia estaba abierta, limpia y bonita cada domingo en la mañana. El canasto de la ofrenda y el dinero que se recolectaba ahí no parecían tener conexión alguna con las necesidades de la iglesia, en la mente de este niño.

Al crecer y madurar, se fue convirtiendo en un trabajador diligente y buscaba oportunidades extra para hacer dinero y adquirir posesiones terrenales. A medida que ganaba más dinero y conseguía mayores oportunidades de inversiones beneficiosas, la adquisición de bienes materiales se fue convirtiendo en el principal enfoque de su vida.

Las oportunidades parecían surgir en cualquier sitio donde miraba. Con la habilidad de comprar artículos para venderlos a mayor precio del que le habían costado, siempre buscaba formas fáciles de hacer negocios. Se suscribió a la máxima del mundo de "Mejor cuanto más grande", y encontró mucho éxito y satisfacción adquiriendo y acumulando cada vez más, lo cual, para él, equivalía a un trabajo bien hecho.

Alimentando la necesidad de conseguir más y hacer más, comenzó una nueva aventura empresarial y pasó por primera vez de gastar de lo que tenía a confiar en el sistema del mundo del crédito por medio de un préstamo. Poco se imaginaba él lo rápidamente que el ciclo de la deuda se convertiría en el amo y director de su empresa. Por primera vez, se dio cuenta de que su habilidad para adquirir y mantener tenía un precio llamado interés.

Una posición única y un amplio abanico de mercado le ofreció el lujo de dominar el mercado en su área. Se convirtió en el "hombre para todo" y cosechó las recompensas económicas de una empresa exitosa. El éxito produjo un efecto de bola de nieve. Cuantos más productos vendía, más capital necesitaba para comprar productos adicionales mientras seguía pagando su deuda. La única manera de mantener el ritmo era usando el sistema del mundo: aumentar el endeudamiento para comprar más artículos para vender. Posibles socios empresariales se le acercaban de forma regular, intentando participar de la acción, pidiendo un pedazo del pastel. El enorme éxito del lanzamiento de su empresa, junto a su salario de seis cifras, propulsó su creencia en que sus propias habilidades y su talento por sí solos habían hecho que todo eso ocurriera.

No era ningún secreto para este hombre que se había hecho a sí mismo que Dios había tomado el lugar de pasajero en su viaje hasta lo más alto. Cuando un amigo íntimo le invitó a un servicio en su iglesia local, él aceptó. De hecho, comenzó a asistir cada domingo a la iglesia durante las siguientes semanas, a medida que su necesidad de un encuentro divino se hacía cada vez más evidente. Sí, había tenido un gran éxito en el mercado y tenía crédito para comprar muy por encima de los deseos de su corazón, pero le faltaba algo. Las personas de la iglesia tenían algo que él no tenía, algo que su dinero no podía comprar. Tenían una relación

Por primera vez, se dio cuenta de que la asistencia a la iglesia no constituye una relación personal con Dios.

personal con Dios, y era evidente en sus actitudes, sus palabras y sus actos. Él había asistido a una iglesia durante años, pero ahora, por primera vez, se dio cuenta de que la asistencia a la iglesia no constituye una relación personal con Dios. *Durante todo este tiempo, he conocido cosas de Dios*, pensó él, *pero realmente no le conozco.*

Al escuchar un sermón que habló a su corazón, comenzó un difícil viaje por el pasillo hasta el frente de la iglesia y entregó su vida al Señor. De niño pensaba que era salvo, pero ahora, al haber confesado a Jesús como su Señor y Salvador, sabía que estaba unido al cielo. Finalmente había pasado de conocer acerca de Dios a conocer a Dios, y esta transición comenzó una época de reflexión y cambio.

Se involucró más en la iglesia y, al hacerlo, tuvo la oportunidad de diezmar y dar dinero para obras de caridad. La pregunta de su juventud volvió a surgir: "¿Realmente necesita Dios mi dinero?". Diezmar no añadía nada si se veía con una mentalidad natural, como lo hacía su visión del mundo y del mercado. Su impresión acerca del diezmo, hasta ese momento de su vida, le había llevado a verlo como una práctica sin fruto alguno, un malgasto del dinero. Para él, seguía teniendo más sentido usar su dinero para invertir, comprar y vender con el propósito de obtener una ganancia personal, ¡así que volvió a confiar en sus propias habilidades y deseos!

Pasaron varios años, y su empresa continuó creciendo y prosperando. Sin embargo, la creciente deuda exigía cada vez más atención por su parte. Seguía asistiendo a la iglesia, donde la gente parecía estar contenta, aun cuando todos estaban muy lejos de las riquezas que él tenía. La idea le resultaba difícil de entender, porque para él, menos dinero significaba menos felicidad. Le parecía que Dios no quería que sus hijos tuvieran a la vez alegría y una economía boyante.

Sabía que los proyectos de la iglesia y los viajes misioneros requerían fondos. Podía reconocer que extender el evangelio y criar una familia cristiana exigía dinero, así como lo exigía poseer y administrar su empresa. Entonces, ¿por qué le costaba tanto dar dinero a la iglesia? Quizá el plan de Dios era que su pueblo tuviera sólo lo justo, porque ¿dónde estaban las bendiciones y la abundancia? ¿Dónde estaba la provisión sobrenatural de Dios? ¿Era malo tener riquezas y caras posesiones?

No obstante, tener una relación personal con el Señor le satisfacía de una manera nueva y emocionante. Su viaje le había hecho cambiar a Dios del asiento de atrás al asiento de delante en su vida, o al menos eso pensaba él. Con un ardiente deseo de conocer más acerca de Dios, comenzó a ver la iglesia como una forma de vida, no sólo como un lugar al que ir a hacer algo. Pero el empresario continuó su búsqueda para amasar riqueza, y lo hizo dividiendo sus objetivos materiales y sus prácticas espirituales en dos mundos distintos. Para él, la fe y la economía eran incompatibles. Creía que no había conexión alguna entre estos dos mundos en lo natural, y mucho menos en lo espiritual.

En su mentalidad dicotómica, era perfectamente aceptable orar por la iglesia, sus miembros, su misión, e incluso sus finanzas; sin embargo, él nunca habría considerado orar por su economía personal o su empresa.

El sistema de separar su vida espiritual de su vida profesional/empresarial parecía funcionar bien. Aun así, en un rincón de su mente se preguntaba si estaba experimentando "la vida al máximo" como Dios quería que lo hiciera (véase Juan 10:10).

El empresario viajó por tantos montes y valles que podrían haber hecho que otra persona más débil abandonara. Pero Dios avivó un ascua pequeña en este hombre que encendió el deseo de un nuevo viaje con Él, pero ahora como el piloto de su vida. Finalmente, el empresario estaba listo para bajarse y asumir la función de copiloto. Este cambio produjo un movimiento geográfico, el cual realizó obedientemente, teniendo en mente las palabras de Jesús en Lucas 14:33: *"Así, pues, cualquiera de vosotros que no renuncia a todo lo que posee, no puede ser mi discípulo".*

El hombre encontró una nueva iglesia donde el pastor lleno del Espíritu Santo enseñaba un concepto bíblico de la abundancia, y recibió la enseñanza como una esponja seca en una tormenta. ¿Dónde había descubierto ese pastor que los cristianos podían tener abundantes riquezas? El empresario pronto desarrolló un apetito insaciable por las enseñanzas de la Biblia sobre las finanzas.

> **Finalmente se dio cuenta de que Dios conocía cada una de sus necesidades y deseos antes incluso de que él fuera consciente de ello o de que orase al respecto.**

Después de más instrucción, más enseñanza, más relaciones divinas y más oración, cambió su actitud, para pasar de "yo puedo hacerlo" a "Dios lo hará". Finalmente se dio cuenta de que Dios conocía cada una de sus necesidades y deseos antes incluso de que él fuera consciente de ello o de que orase al respecto.

Pronto, las bendiciones de Dios comenzaron a alcanzarle cada día. Obtuvo un destello de las cosas que vendrían y ahora busca a Dios para recibir más revelación y conocimiento en cada área de su vida.

Cuando comenzó a escuchar a este pastor lleno del Espíritu Santo en su nueva iglesia, recibió una revelación de

Deuteronomio 1:11: *"¡Jehová Dios de vuestros padres os haga mil veces más de lo que ahora sois, y os bendiga, como os ha prometido!"*, que confirmó que estaba oyendo la voz de Dios y siguiendo su dirección. Con el conocimiento de que Dios quería hacerle cien veces mayor en cada área de su vida, el empresario se sometió a la visión de Él, y por su obediencia, Dios le llevó a un lugar donde pudo crecer y florecer en un ministerio escogido para un momento como este.

Liberado por la verdad

El hombre de esta historia tenía mucho éxito a ojos del mundo, sin embargo no pudo disfrutar de la incalculable bendición de una relación con Dios hasta que aclaró varios puntos erróneos que le mantenían atascado en los "baches" del camino hacia la madurez espiritual.

Apliquemos lo que hemos discutido mientras identificamos cada uno de estos conceptos erróneos, y luego echemos un vistazo a las Escrituras que nos dicen la verdad sobre cada situación. Esto nos permitirá reconocer conceptos erróneos en nuestras propias vidas, los cuales podemos corregir con la verdad, cumpliendo así Juan 8:32: *"Y conoceréis la verdad, y la verdad os hará libres"*.

Primer concepto erróneo: "La iglesia no necesita mi dinero".

¿Robará el hombre a Dios? Pues vosotros me habéis robado. Y dijisteis: ¿En qué te hemos robado? En vuestros diezmos y ofrendas. Malditos sois con maldición, porque vosotros, la nación toda, me habéis robado. Traed todos los diezmos al alfolí y haya alimento en mi casa; y probadme ahora en esto, dice Jehová de los ejércitos, si no os abriré las ventanas

de los cielos, y derramaré sobre vosotros bendición hasta que sobreabunde. Reprenderé también por vosotros al devorador, y no os destruirá el fruto de la tierra, ni vuestra vid en el campo será estéril, dice Jehová de los ejércitos. (Malaquías 3:8–11)

Segundo concepto erróneo:
"El éxito empresarial y acumular riquezas da la felicidad en la vida".

[Jesús dijo,] *"También les refirió una parábola, diciendo: La heredad de un hombre rico había producido mucho. Y él pensaba dentro de sí, diciendo: ¿Qué haré, porque no tengo dónde guardar mis frutos? Y dijo: Esto haré: derribaré mis graneros, y los edificaré mayores, y allí guardaré todos mis frutos y mis bienes; y diré a mi alma: Alma, muchos bienes tienes guardados para muchos años; repósate, come, bebe, regocíjate. Pero Dios le dijo: Necio, esta noche vienen a pedirte tu alma; y lo que has provisto, ¿de quién será? Así es el que hace para sí tesoro, y no es rico para con Dios... Vended lo que poseéis, y dad limosna; haceos bolsas que no se envejezcan, tesoro en los cielos que no se agote, donde ladrón no llega, ni polilla destruye. Porque donde está vuestro tesoro, allí estará también vuestro corazón".*
(Lucas 12:16–21, 33–34)

A los ricos de este siglo manda que no sean altivos, ni pongan la esperanza en las riquezas, las cuales son inciertas, sino en el Dios vivo, que nos da todas las cosas en abundancia para que las disfrutemos. Que hagan bien, que sean ricos en buenas obras, dadivosos, generosos; atesorando para sí buen fundamento para lo por venir, que echen mano de la vida eterna. (1 Timoteo 6:17–19)

Tercer concepto erróneo:
"El mérito por las riquezas que consigue es del hombre".

Sino acuérdate de Jehová tu Dios, porque él te da el poder para hacer las riquezas, a fin de confirmar su pacto que juró a tus padres, como en este día. (Deuteronomio 8:18)

¿Quién te distingue de los demás? ¿Qué tienes que no hayas recibido? Y si lo recibiste, ¿por qué presumes como si no te lo hubieran dado? (1 Corintios 4:7, NVI)

Cuarto concepto erróneo:
"Dios provee sólo lo suficiente para sus hijos, y nada más".

Exaltado sea el SEÑOR, quien se deleita en el bienestar de su siervo. (Salmos 35:27, NVI)

Ustedes serán enriquecidos en todo sentido para que en toda ocasión puedan ser generosos, y para que por medio de nosotros la generosidad de ustedes resulte en acciones de gracias a Dios. (2 Corintios 9:11, NVI)

Posea su tierra prometida

A partir de hoy, vivirá en un nivel más alto de responsabilidad con su economía por lo que ha aprendido de los caminos de Dios en este libro. Cuando aplique la sabiduría de Dios y sus instrucciones a sus finanzas, sus milagrosas bendiciones entrarán en su vida. Su cuerpo será sanado, sus finanzas mejorarán, y lloverán sobre usted todo tipo de bendiciones. Dios resucitará parte del dinero que perdió en otros años. La gente que le ha debido dinero durante años comenzará a pagarle lo que le debe, lo cual también producirá una reconciliación y restauración en sus relaciones.

Las bendiciones de Dios le seguirán y le alcanzarán dondequiera que vaya. Dios sabe exactamente dónde está usted en cada instante, y le enviará bendiciones, sin importar en qué parte del mundo se encuentre. Él también tiene sentido del humor y quizá le bendiga de las maneras más sorprendentes. Repito: usted es bendecido para ser de bendición, no para atesorar. Cuando dé, le será devuelto, y en un grado mayor.

Cuando haya estado orando por una necesidad concreta y reciba una respuesta, siempre dé gracias a Dios por su misericordiosa provisión. Recuerde: Él es el que ama su alma, su Papá, Jehová-Yiré, el Dios que provee. Usted es su hijo, y *"toda buena dádiva y todo don perfecto desciende... del Padre"* (Santiago 1:17).

No se rinda en sus sueños y visiones. Cumpla el destino que Dios tiene para usted. Si toma esta revelación y la vive, experimentará todos los milagros que Dios tiene preparados. ¡Él le está llevando de la recesión a la posesión!

Capítulo 10

Testimonios personales

*Alabad a Jehová, porque él es bueno; porque
para siempre es su misericordia... Alaben la
misericordia de Jehová, y sus maravillas para
con los hijos de los hombres. Porque sacia al alma
menesterosa, y llena de bien al alma hambrienta.*
—Salmos 107:1, 8–9

Dios se deleita en la prosperidad de sus siervos. Como
prueba de ello, recibimos testimonios sobre milagros financieros en nuestro ministerio todos los días. Nacen bebés que
son un milagro, ocurren sanidades milagrosas y milagros
financieros se suceden en todo el pueblo de Dios. ¡Algunos
días es difícil estar al corriente de todos ellos! He visto conve-
niente incluir aquí algunos testimonios, para que su fe y su
confianza se fortalezcan. Recuerde: estas bendiciones llegan
sobre personas normales y corrientes de todo tipo en todo el
mundo.

A medida que vaya leyendo los milagros de provisión
en las vidas de otros, le animo a sentir la emoción que se

desprende de sus palabras, a dejar que su fe crezca y a creer para recibir sus propios milagros. No se olvide de escribirme para contarme la provisión sobrenatural que Dios trae a su hogar y su familia.

Una joven escuchó mis enseñanzas sobre provisión sobrenatural. En poco tiempo, se enteró de que le habían perdonado una deuda que tenía con alguien de 1.500 dólares. Después, su jefe le llamó a su oficina para hablar con ella. La empresa había estado reduciendo personal en los meses anteriores, y pensaba que ella sería la siguiente. En lugar de ser despedida, ¡le dieron un ascenso y un aumento de salario!

Después de haber asistido a uno de mis servicios y haber orado para que alguien que le debía dinero por un trabajo que había realizado le pagara, una mujer recibió una llamada de teléfono de camino a casa desde la iglesia. Su marido llamó para decirle que había llegado un cheque de trece mil dólares para cancelar una deuda que tenían desde hacía quince años.

Una pareja de Mesa, Arizona, llegó a una conferencia sobre finanzas que yo organizaba en Albuquerque, Nuevo México. Cuando llegaron a su casa, la cuidadora que habían contratado para cuidar de sus cinco niños rehusó aceptar los doscientos dólares que le querían pagar.

Otros milagros ocurrieron después. Estaban cerrando la venta de una casa a corto plazo, y habían estado ahorrando un dinero para estar preparados para ese día. Mientras se preparaban para el cierre de la operación, quisieron asegurarse de cuál era la cantidad que con tanto esmero habían ahorrado, ¡cuando descubrieron que había dos mil setecientos dólares más de lo que mostraban sus anotaciones! Les emocionó mucho ver lo que Dios había hecho. Pocos días después, volvieron a contar el dinero para asegurarse de que lo habían totalizado bien. Esta vez, la cantidad era tres mil doscientos más, así que me llamaron de inmediato, y nos regocijamos juntos por la bondad de Dios hacia ellos.

Algunas personas han visto cómo aparece dinero en sus cuentas bancarias de forma inesperada. Ante su sorpresa, preguntaron en el banco, pero en vez de intentar deducir lógicamente lo que había ocurrido y por qué, aprendieron a decir "Gracias, Jesús", y aceptaron con gratitud las inesperadas bendiciones.

Durante uno de sus servicios en Ohio, usted mencionó que oiríamos acerca de becas universitarias que nos concederían. Hace como un mes y medio, mi hijo casado recibió una llamada de una universidad preguntando si estaba interesado en conseguir una maestría. Hacía un año, él había intentado conseguir una beca pero se la habían denegado. Esa persona preguntaba si aún estaría interesado. Querían darle una segunda oportunidad. ¡Recibió una beca completa! Sé sin lugar a dudas que fue algo que Dios hizo. Esa beca tiene un valor de unos cincuenta o sesenta mil dólares. ¡Gloria a Dios!

Una iglesia en la que estaba ministrando recogió una cantidad muy pequeña como ofrenda. En ese tiempo, era todo lo que podían dar. Pero alguien que era un completo extraño se acercó y sembró mil dólares en la iglesia.

Una mujer estaba orando para tener su propia casa. Respaldó su fe sembrando específicamente para una casa. La ciudad de Lincoln, Nebraska, regala una casa todos los años. Reparten quince llaves, y la persona que recibe la llave correcta obtiene una casa totalmente gratis. Esta mujer recibió la llave ganadora y ahora vive en una hermosa casa, totalmente pagada.

Hace varios años, una compañera de trabajo de mi hija Melody estaba atravesando un divorcio. Esta mujer tenía una hija adolescente, y otros dos niños más pequeños. Muerta de miedo, llamó a Melody y le dijo: "No sé qué hacer. Me van a cortar la luz el viernes. No tengo doscientos cincuenta dólares para pagar la factura o la cuota de reconexión una vez que la apaguen. Estoy hundida".

Melody oró con ella y dijo: "Dios sabe lo que necesitas y cuándo lo necesitas. Nosotras sólo necesitamos que Él consiga a alguien que actúe a tu favor". Se acercaba el viernes, y el jueves en la noche ella llamó para ver cómo estaba su amiga. Su amiga había escrito correos electrónicos a varias personas, contándoles el problema que tenía. Sólo había respondido una, y dijo que no podía ayudarle.

Melody le dijo: "Dios puso en mi corazón ayudarte". Le dio doscientos cincuenta dólares para que no le cortaran la luz. Su amiga dudó mucho si aceptar o no el dinero, pero sabiendo que ya no había más tiempo, se tragó su orgullo y lo recibió.

En lo natural, esto parecería como que Melody fue una buena chica que se preocupó por los hijos de su amiga. Se podría decir que decidió hacerlo porque quería ser buena persona o por hacer "una buena obra cristiana". De hecho, estaban pasando más cosas de lo que la amiga de Melody se podía imaginar. Mi hija estaba plantando una semilla en obediencia a Dios, y Él honró su fidelidad.

Cuatro días después de que Melody ayudara a su amiga con la factura de la luz, uno de sus clientes le dio una propina de doscientos cincuenta dólares por el trabajo que ella había hecho por esa familia. La pareja no tenía ni idea de por qué estaban dando una propina tan generosa. Realmente era Dios actuando en sus corazones para bendecir a Melody.

Fue increíble oír la explicación que le dio Melody a esta pareja en cuanto a por qué Dios les había dicho que dieran tanto. Ella podía haber dicho: "Esto es demasiado. No puedo aceptarlo". Pero en vez de eso, pudo explicarles que su propina era la forma en que Dios había honrado su palabra en su vida.

Como discutimos en el capítulo 5, es una bendición ser socio de un ministerio que está llevando a cabo la obra de Dios. A continuación, encontrará testimonios de algunos de nuestros socios.

"Desde que participo como socia con Joan Hunter Ministries he visto cómo Dios ha bendecido mi economía de una forma espectacular. Recientemente recibí un ascenso en la empresa, y me han dado más territorio (nunca le habían dado territorio en esa compañía a una mujer) y un aumento de sueldo sustancial además de algunos extras".

"Me convertí en socia hace unos años y he viajado con Joan Hunter Ministries todo lo que he podido. Me encanta ministrar con Joan y ser parte del equipo. Este año recibí un ascenso (con aumento de sueldo) y un plan de bonos (84 bonos al año), además de permisos para viajar con el ministerio siempre que así lo desee".

"Creí que saldría de la deuda este año. Sembré en Joan Hunter Ministries, y en dos semanas había salido de la deuda".

"Tenía una deuda y no sabía cómo salir de ella. Acudí a una conferencia, donde me arrepentí y deposité mi semilla. ¡Y Dios bendijo esa semilla! Ahora estoy completamente libre de deudas! ¡Gracias, Jesús!".

"Mi esposo me dio cuarenta dólares para depositarlos en la ofrenda al salir de casa. Llegó el momento de la ofrenda, y deposité los cuarenta dólares, más doce que tenía en mi bolsillo. Era todo lo que tenía. Antes de terminar el servicio, recibí una llamada de mi esposo diciéndome que había recibido un plus de unas cien veces más de lo que había sembrado en la ofrenda esa noche".

"Puse dinero en la ofrenda en una reunión de lunes por la noche. El martes, me dirigía a mi automóvil para asistir a un servicio cuando mi vecina llegó corriendo y me entregó un sobre. De camino al servicio, abrí el sobre, y estaba lleno de billetes de veinte dólares".

"Estaba creyendo en fe que Dios me daría dinero para comprar algo de ropa que necesitaba para mi nuevo trabajo.

Sembré para que todas mis necesidades estuvieran cubiertas. La semana siguiente recibí un cheque y una nota que decía específicamente que debía usar ese dinero para comprarme ropa. Dios se ocupa de todo lo que nos preocupa".

"Oré en contra de todas las fuerzas opositoras en la vida de mi hijo y su trabajo en la escuela. Después le escogieron como el mejor alumno de la clase para representar a toda la escuela".

"Mi hijo quería entrar en una escuela de preparación concreta que le había rechazado varias veces. Escuchamos su enseñanza en CD y aplicamos lo que decía, y dos horas después, un *sábado*, la escuela llamó para decir que había sido admitido".

"Somos agentes inmobiliarios y no habíamos vendido nada en los últimos cuatro meses. Conseguimos su enseñanza en CD e hicimos las oraciones. La siguiente semana cerramos cinco operaciones y algunas más la otra semana. Ahora estamos enseñando casas a clientes cada dos horas porque Dios ha abierto las ventanas del cielo sobre nuestra empresa".

"Voy trabajando en mi casa y confesando: '¡Soy bendecida para ser de bendición!', y las bendiciones de Dios se están derramando sobre mi vida".

"Acabo de conseguir un nuevo trabajo en un banco. Mi responsabilidad es conseguir nuevos clientes. Tras haber escuchado la enseñanza, seis nuevos clientes trajeron más de un millón de dólares al banco en un tiempo en el que no se estaban abriendo nuevas cuentas".

"Había dado dinero a cuenta para un viaje que tuve que cancelar. Tras numerosos intentos por recuperar parte del dinero, apliqué lo que escuché en su CD. Me llamaron a la semana siguiente y me devolvieron parte del dinero. ¡El resto me lo darán el mes que viene! ¡Gloria a Dios!".

"Trabajamos como comerciales en el sector inmobiliario y estábamos perdiendo muchas operaciones. En base a la revelación de sus enseñanzas sobre la provisión económica sobrenatural, hablamos en fe sobre cada una de esas operaciones. Esas ventas 'muertas' han resucitado y se están cerrando operaciones. Gracias por compartir su revelación".

"Alguien me debía dinero desde hacía más de seis años. Tras escuchar sus enseñanzas sobre las finanzas, recibí una llamada de teléfono una semana después, y esa persona me pagó parte del dinero".

"Necesitaba un camión nuevo, y estaba esperando en fe otro trabajo para el que es necesario una preparación especial. Escuché su CD y escribí mis objetivos y todo lo que quería que Dios me proveyera. Al día siguiente, un camión se cruzó por mi camino de forma milagrosa, ¡y ahora es mío, totalmente pagado! También, al día siguiente la escuela me abrió sus puertas para recibir la certificación para mi nuevo empleo".

"Me devolvieron más de la agencia tributaria este año que en el año 2000. Sembré en el reino más del doble que en el año 2000. Cuanto más doy, más recibo. Dios puede darme un aumento, ¡y esto no es alardear de mí mismo, sino alardear de Dios!".

"Dimos un donativo sacrificial de cinco dólares en su servicio la semana pasada. Antes de irnos de la reunión, Dios le dijo a alguien que nos diera un cheque de quinientos dólares, ¡la cantidad exacta por la que estábamos orando! Gracias, Jesús".

"Necesitaba reparar mi camioneta. La tienda me había dado un presupuesto de setecientos dólares. Comencé a caminar por mi casa, diciendo: '¡Soy bendecida para ser de bendición!'. Cuando fui a retirar mi vehículo, la cantidad total era de trescientos cincuenta dólares. Cuando le pregunté al mecánico el porqué de la diferencia, me dijo: 'Señora, ¡alguien vino y pagó la mitad de la factura!'. Gracias, Jesús".

"Tenía una demanda pendiente con respecto a una gran liquidación. Esta situación estaba impidiendo el pago de mi dinero. Escuché su CD sobre *Provisión Sobrenatural* e hice las oraciones. El juicio se programó para la mañana siguiente. ¡Gracias, Jesús!".

"Tenía que arreglar mi automóvil mientras estaba de vacaciones. Me iba a costar cuatrocientos cincuenta dólares, cantidad que no tenía en mi presupuesto. Cuando fui a retirar el vehículo, alguien ya había pagado la factura. ¡Gracias, Jesús!".

"Mi hija estaba pasando una época difícil tras dos años y medio de intentar tener hijos y no ver fruto alguno. Conseguí su CD sobre las finanzas e hice la oración con respecto a los obstáculos que le impedían quedarse embarazada. ¡Esa misma semana se quedó embarazada! Gracias, Jesús".

"Después de oírle hablar sobre las finanzas, siento que vuelvo a tener esperanza. Sus enseñanzas han sido una gran bendición para mí. Me siento muy bien por haber recuperado la esperanza, ¡y creo que la prosperidad está de camino!".

Una pareja estaba creyendo en fe que saldría rápidamente de la deuda. Un hombre se acercó a ellos en la iglesia y les dio un cheque de mil dólares, diciendo: "Dios me dijo que les diera esto".

"Alguien me envió mil dólares por el cuatro de julio. ¡Una bendición por la libertad!".

"Estoy comprando mi primera casa. ¡El precio está un treinta y tres por ciento por debajo del valor de tasación! ¡Gracias, Jesús!".

"Estoy sembrando, ¡e incluso mis hijos están siendo bendecidos económicamente!".

"Hice una entrevista para un trabajo, junto con otras cincuenta personas. Yo fui la única persona a la que llamaron para una segunda entrevista. ¡Al final conseguí el trabajo!".

"Seguimos nuestro estudio de *Provisión Sobrenatural* e intentando estar sincronizados con la práctica de dar bíblicamente. Este mes, sembramos $111,11 en su ministerio. Esta semana, el Señor nos quitó una deuda de once mil quinientos dólares que debíamos. ¡Fue algo totalmente de Dios! ¡Estamos impactados! ¡Gloria a Dios y sólo a Él la gloria!".

"Actualmente estamos buscando una nueva casa para mudarnos, con la intención de comprarla. Ahora hablo con todo el mundo sobre *Provisión Sobrenatural,* ¡pues el mensaje es transformador! No se limite a escucharlo, ¡haga lo que dice! Si lo hace, ¡le garantizo que cambiará su vida!".

"Fui madre soltera durante más de cinco años. Lo pasamos mal económicamente, como se puede imaginar. Mi ex-marido nos abandonó y no pagó nada de manutención para el niño. Mi hijo y yo tuvimos todas nuestras necesidades cubiertas, según la Palabra del Señor, pero yo oraba por más.

"Escuché a Joan hablar sobre *Provisión Sobrenatural* en enero de 2008. Escuché su enseñanza en CD al menos cinco veces conduciendo del trabajo a casa y de casa al trabajo. Seguí escuchando todos los avances y milagros financieros que se estaban produciendo en otras personas, y para ser honesta, estaba bastante frustrada. Acudí al Señor en oración un día y clamé, diciendo: '¡Señor! Sigo escuchando acerca de todos estos milagros que experimentan otras personas. ¿Por qué no me suceden a mí?'. El Señor me dijo: 'Porque sólo has escuchado el CD, pero no has hecho nada de lo que dice'.

"Después de oír eso, volví a escuchar el CD una vez más, pero esta vez me senté en la mesa del comedor de mi casa e hice lo que dijo Joan. Hice las listas, pronuncié las oraciones, y pedí esas cosas que Joan decía que Dios dice que podemos tener.

"Y así fue, justo después de eso, comencé una relación y me casé poco después con un hombre maravilloso que es también un gran padre. Él posee una casa de dos pisos en una zona muy bonita de Houston y me trata realmente bien".

"En 2009, después de oír la enseñanza sobre *Provisión Sobrenatural,* hice la oración de arrepentimiento por todos mis pecados pasados en el área de las finanzas: por todos los gastos desmedidos, por las veces que no había diezmado y por las veces que no había dado ofrendas cuando Dios así lo había puesto en mi corazón.

"Mi hija se graduó de la universidad en diciembre de 2009 como maestra y comenzó a buscar un trabajo, primero despacio pero a toda velocidad a principios de marzo de 2010. Asistió a ferias de trabajos, buscaba regularmente en la Internet y envió su currículo a casi todas las escuelas del distrito en un radio de 80 kilómetros a la redonda en la zona de Houston, ¡pero sin resultados!

"El deseo de su corazón era trabajar en la escuela donde había hecho sus prácticas, pero no había plazas libres. Finalmente, en el mes en que comenzaba la escuela para el curso 2010–2011 se abrió una plaza en esa escuela. Inmediatamente se personó para interesarse. Cuando entregó su solicitud y su currículum, le dijeron que ya habían ocupado esa plaza. Sintiéndose desanimada y decepcionada, unos diez días antes de que comenzara la escuela me dijo que iba a comenzar a buscar un trabajo al que pudiera optar aunque no tuviera nada que ver con la enseñanza.

"Se enteró de una posición en un orfanato y me dijo que tenía intención de enviar la solicitud al día siguiente. El trabajo parecía bueno.

"Antes de acostarse esa noche, le dije: 'Vamos a orar antes de que vayas'. Hicimos la oración de la enseñanza financiera de Joan con respecto a los espíritus obstaculizadores, y ordenamos a todos los espíritus, voces y fuerzas opositoras que estaban obstaculizándole para conseguir el trabajo que Dios había ordenado para ella que se fueran, ¡en el nombre de Jesús!

"Oramos para que el trabajo que Dios había escogido para ella se lo dieran en el nombre de Jesús, y sorprendentemente (gracias, Jesús) al día siguiente, como a la hora de comer, recibió una llamada para hacer una entrevista para el trabajo de maestra en la escuela donde había realizado sus prácticas, el trabajo donde previamente le habían dicho que ya no había plazas.

"Le contrataron y comenzó a trabajar al día siguiente, asistiendo a las reuniones y preparando su clase de tercer grado tal como ella quería. Dios verdaderamente le concedió los deseos de su corazón, ¡y aproximadamente doce horas después de haber orado contra los espíritus obstaculizadores! ¡A qué Dios tan poderoso servimos!".

Una mujer dependía del apoyo de su ex-marido para sus hijos. Cuando él fue arrestado y encarcelado, todo el apoyo se detuvo. Para poder alimentar a sus hijos, comenzó a usar tarjetas de crédito para comprar comida. Un día, alguien contactó con ella y le dijo que quería pagar las deudas que tenía por sus tarjetas de crédito. Ella estaba preparada para recibir las bendiciones de Dios. Dios suplió mucho más que abundantemente para cubrir sus necesidades.

¿Cuál es su testimonio?

Dios también quiere derramar las bendiciones del cielo en cada área de su vida. ¿Está usted listo? ¿Está preparado para sembrar? ¿Está preparado para recibir? ¿Tiene sus graneros en condiciones de recibir su abundante cosecha de bendiciones? Quizá no quiera un granero. ¿Tiene una cuenta de ahorro lista y esperando?

> **En este instante, Dios quiere que se alinee con la Palabra para que Él pueda abrir las ventanas del cielo y derramar sobre usted sus bendiciones.**

En este instante, Dios quiere que se alinee con la Palabra para que Él pueda abrir las ventanas del cielo y derramar sobre usted sus bendiciones. ¿Va a abrir su paraguas para protegerse de esas bendiciones? Dudo que así sea; más bien lo que hará será poner su paraguas boca abajo y recibir todo lo que Dios quiere enviarle.

No busque su fuente de ingresos en lo natural. Dios es su Proveedor, y proveerá para todas sus necesidades sobrenaturalmente.

Esto es algo divertido que puede hacer: Haga un inventario de todo lo que debe. ¿Para qué? ¿Para hacerle sentir mal? ¡No! Pero nunca se sabe, quizá alguien se le acerque y le diga: "¿Cuánto debes? ¡Quiero mandarte un cheque ahora mismo para pagar todas tus deudas!". ¿Podría responderle? Prepárese, ¡y haga planes por si le sucede! Incluya su hipoteca, el préstamo de su automóvil, y los pasivos de sus tarjetas de crédito. ¡Espérelo!

Cuando vaya al correo, diga: "Padre, estoy emocionado por lo que me vas a enviar".

Si hay algo en el correo, diga: "¡Gloria a Dios!".

Si no hay nada, diga: "Hoy no", o "Aún no, pero está de camino". No sea negativo. Declare palabras positivas en fe, y confíe en que Dios proveerá. Él se lo dará si puede conseguirlo a través de usted.

Esta es mi oración por usted:

Padre, gracias por tu Palabra. Gracias por darnos libremente tus llaves para tener éxito en esta vida. Gracias por abrir nuestros ojos y nuestros corazones para entender tu instrucción.

Padre, como respuesta a su obediencia a tu Palabra, bendice a todos aquellos que lean este libro dándoles creatividad y diligencia para hacer dinero para sembrar en tu reino.

Padre, dales sabiduría sobre cómo aumentar lo que ya tienen y sabiduría para saber cómo gastar las finanzas con las que les has bendecido. Todos nos regocijaremos y te alabaremos por tu fidelidad a la hora de cumplir siempre tus promesas. Gracias, Padre, en el nombre de Jesús. Amén.

Conclusión

La mayor provisión de Dios

Así que el Señor esperará a que ustedes acudan a él para mostrarles su amor y su compasión. Pues el Señor es un Dios fiel. Benditos son los que esperan su ayuda.
—Isaías 30:18 (NTV)

No puedo enseñar sobre las maravillosas bendiciones de Dios sin hablar de su regalo más preciado para la humanidad. Sin este regalo, la mayoría de lo que ha estado estudiando en este libro no sería posible. No podría recibir sus bendiciones, no las entendería, no sería parte del cuerpo de Cristo, sino que estaría de camino a la destrucción.

Dios envió a su Hijo Jesús para morir en su lugar a fin de que usted pudiera reconciliarse con Él. No hay riquezas suficientes, ni suma de dinero que se pueda equiparar al valor del precioso regalo de Jesucristo. Gracias a su muerte sustitutoria, usted recibió su herencia final: una vida eterna, abundante en Él. Usted no está esperando recibirla en el futuro, ¡sino que ya la tiene! Lo único que tiene que hacer es aceptarla, y tiene que pedirla.

El regalo más precioso que Dios comparte libremente con usted es la bendición más valiosa que se podría haber dado jamás. Nada puede superar o igualar el tesoro que nos ha sido dado. Tan sólo hace falta que cada persona la acepte, crea y reciba.

A través de Jesús usted lo tiene todo. Tiene el derecho a pedirle a Dios Padre todo lo que necesite, el derecho a orar en el nombre de Jesús, y el derecho a la vida eterna. La sangre sacrificial de Jesús le da la libertad de vivir y disfrutar de toda la creación de Dios. Usted gana el premio gordo, ¡puede tenerlo todo! Jesús vive en usted. Él le salvó, le enseña, Él es todo para usted. Nada puede superar el valor de Jesús, que fue el regalo de Dios para el mundo, para usted.

> **Toda la prosperidad financiera del mundo no le llenará si su alma no está "prosperando". Todo depende de que ponga a Jesucristo en el trono de su vida y viva para servirle en primer lugar.**

Me encanta 3 Juan 2: *"Amado, yo deseo que tú seas prosperado en todas las cosas, y que tengas salud, así como prospera tu alma"*. Toda la prosperidad financiera del mundo no le llenará si su alma no está "prosperando". Todo depende de que ponga a Jesucristo en el trono de su vida y viva para servirle en primer lugar.

Porque de tal manera amó Dios al mundo, que ha dado a su Hijo unigénito, para que todo aquel que en él cree, no se pierda, mas tenga vida eterna.

(Juan 3:16)

Para estar en el lado ganador, debe creer en Jesús y ser salvo. Esta es la mayor bendición de todas. Ahora tiene una gran oportunidad de volver a dedicar su vida a Dios o incluso de acudir al Señor por primera vez.

Diga esto en voz alta:

Padre, he pecado. Me arrepiento de mi pecado. Quítame este pecado y ponlo en la cruz de Jesucristo, para que nunca más se vuelva contra mí. Jesús, te pido que entres en mi vida y seas el Señor de mi vida. Te pido que no seas tan sólo mi Salvador, sino también el Señor de mi vida.

Padre, por medio de tu Espíritu Santo guíame a todo lo que tengas para mí. Gracias porque, desde este día en adelante, mis pasos son ordenados por ti.

Padre, te doy gracias no sólo por salvarme, en el nombre de Jesús, sino también por prosperarme sobrenaturalmente en cada área de mi vida: cuerpo, mente, alma, espíritu y finanzas. Amén.

Ahora tiene el tesoro del mundo en su corazón. Tiene la mente de Cristo. Tiene todas las riquezas de su Padre a su disposición. Ahora es coheredero con Jesús de todo lo que el Padre puede darle. Su Espíritu está en usted, y tiene vida eterna (véase Romanos 8:14–18).

Para terminar este libro, quisiera retarle a poner en práctica lo que ha aprendido a lo largo de estas páginas. No las lea y luego guarde el libro en su estantería para almacenar polvo. Use los principios de Dios para cambiar su vida.

Cuando el enemigo le diga que la depresión o la recesión está golpeando a su puerta, envíe a Jesús a abrir. Cuando Él abre la puerta, le garantizo que el enemigo y todas sus mentiras huirán corriendo en otra dirección.

Si permanece firme en fe sobre lo que Dios ha planeado para usted, los milagros ocurrirán de forma regular. Comparta estos milagros con todos. Anime a otros a creer también en su Palabra. Conviva con creyentes cristianos positivos que le apoyen poniéndose de acuerdo con usted para recibir los milagros.

Decida vivir según la economía de Dios ¡y disfrute de sus abundantes bendiciones!

Crea. Dé. Comparta. Reciba. Plante. Coseche. ¡Sea bendecido! ¡Alábele!

Ahora puede aumentar su "lista de bendiciones". Ha recibido:

- El Espíritu Santo de Dios en usted
- Vida eterna
- Nueva vida terrenal
- Un nuevo corazón
- La mente de Cristo
- Protección divina
- Libertad
- Paz
- Amor
- Gozo

Se dirige al cielo. ¡Allí nos vemos!

Acerca de la autora

A la temprana edad de doce años, Joan Hunter entregó su vida da Cristo y comenzó a servir fielmente en el ministerio junto a sus padres, Charles y Frances Hunter. Juntos, viajaron por todo el mundo organizando reuniones de explosiones de sanidad y escuelas de sanidad.

Joan es una evangelista de sanidad ungida, una maestra dinámica y autora de prestigio. Es la fundadora y presidenta de Joan Hunter Ministries, Hearts 4 Him y 4 Corners Fundations, y también es la presidenta de Hunter Ministries. Las apariciones en televisión de Joan han sido retransmitidas por todo el mundo en World Harvest Network, Inspiration Network, Daystar, Faith TV, Cornerstone TV, The Church Channel, Total Christian Television, Christian Television Network, Watchmen Broadcasting y God TV. Joan también ha salido como invitada en muchas televisiones nacional y programas de radio, incluyendo el programa de Sid Roth *¡It's Supernatural!*, *It's a New Day*, *The Miracle Channel*, *The Patricia King Show* y otros muchos.

Juntos, Joan y su poderoso ministerio internacional de sanidad han ministrado en servicios de milagros y han organizado escuelas de sanidad en numerosos países en un mundo caracterizado por el quebrantamiento y el dolor. Tras haber superado con éxito circunstancias muy difíciles, obstáculos imposibles y una inmensa devastación, Joan comparte su mensaje personal de esperanza y restauración para el quebrantado, liberación y libertad para los cautivos, y sanidad y bienestar para los enfermos. Su visión es ver al cuerpo de Cristo viviendo en libertad, alegría, plenitud y bienestar económico.

Joan vive con su esposo, Kelley Murrell, en Pinehurst, Texas. Juntos, tienen ocho hijos (cuatro hijas y cuatro hijos) y cuatro nietos.